獨言（DokGen）著
林詠純 譯

想要脫窮，先買張股票吧！

三度谷底翻身的上班族，給厭世代兒子的低薪致富投資法

目錄

STEP 3

讓第一桶金翻倍的股票投資

STEP 4

邁向資產兩億的「放牛吃草型投資」

STEP 5

上班族成功投資股票的條件

STEP 6

創下兩億資產後的人生計畫

低薪脫窮爸DokGen靠投資股市邁向2億大戶興衰年表

1966年	出生於京都府
1990年（24歲）	進入某食品公司就職 抱著社會學習的心態開始投資股票
1995年（28歲）	第1次結婚 長子誕生
2001年（35歲）	因為妻子外遇而離婚（成為單親爸爸） 將分配到的財產全數投資，結果隔天爆發「911恐怖攻擊事件」，總財產暴跌剩90萬日圓
2004年（38歲）	過著徹底節約的生活存下年收入的一半， 4年內存到投資股票的本金1000萬日圓
2005年（39歲）	從本金1000萬日圓達到資產2億3500萬日圓，一口氣成為「資產有2億的人」
2006年（40歲）	資產因為活力門事件而暴跌到8000萬日圓
2007年（41歲）	再婚（成為某企業的大股東）
2008年（42歲）	因雷曼金融海嘯導致持有的股票跌到近半價。同年長女誕生
2011年（45歲）	因311大地震導致持有的股票跌到半價以下
2012年（46歲）	次子誕生
2014年（48歲）	外派美國工作約1年，這段期間因狹心症送醫，進行心臟手術
2018年（52歲）	資產達到2億日圓（二度成為「資產有2億的人」）
2020年（54歲）	資產達到2億5000萬日圓

〈前言〉想告訴厭世代兒子的金錢與投資觀

與正在找工作的兒子分享「資本家」與「勞動者」的故事

我是DokGen，現年五十五歲。我在經營多年的投資部落格上使用的ID是「DokGen」，漢字寫作「獨言」，意思是獨自一人的「自言自語」。

我即將邁入退休年齡，也認真考慮提早退休。我只是個非常平凡的上班族，在某食品公司工作。為什麼我會考慮早期退休呢？因為我已經靠著股票投資，奠定了即使不繼續工作，我與妻子及兩名孩子組成的一家四口未來也能衣食無虞的經濟能力。

我在三十幾歲才真正開始股票投資有成，幸運的累積了超過兩億圓（全書幣值以日圓計，依情況標示匯率和台幣幣值）的資產。

這個過程絕對不輕鬆，如果扣除婚姻失敗這件事，可以說是我曾兩度摔落谷底，再從谷底爬上來，而有了今天。

三年前，當時還在讀大學的兒子正在找工作，我約他到串烤店，兩人邊喝啤酒邊深談。

這個兒子是我與前妻所生的長子。其實我曾因前妻外遇而離婚，與現在的妻子再婚（包含離家獨立的兒子在內，我共有三名子女）。

我與現在的妻子結婚之前，曾有很長一段時間單親育兒。那段日子我也曾讓兒子感覺孤單，一直到他讀高中為止，他的言行都相當偏差，我還曾經因為被兒子暴力相向而折斷肋骨。

雖然兒子在青春期發生了很多辛苦的事情，但他還是憑著自己的力量重新站起來，好不容易進了大學，開始獨自生活。

到了快要畢業時，他找我商量找工作的事情，我們父子終於有這麼一天可以面對彼此，好好的說話。

我與這個曾一起經歷過很多事情的兒子，能這樣配著串烤對飲，討論關於人生的話題，讓我十分感慨與珍惜，有些話我很想趁這個時候告訴他——

最重要的，就是**在這個公認為人生百年時代的漫長人生中，如果想要幸福地活下去，就必須投資股票**。

話雖如此，如果突然就聊起投資股票的細節，兒子想必會一頭霧水吧。

所以我先用了「資本家」與「勞動者」的故事作開場。

所有先進國家都是資本主義，就連因社會主義而受挫的中國與俄羅斯，實質上也是資本主義。

多年來投資股票與在公司上班的經驗讓我有個想法，所謂的資本主義，就是「資本家能夠賺錢的社會制度」。說得更明確一點，就是**「錢掌握在資本家手上的社會」**。

資本家就是「投資者」，而只受雇於資本家的勞動者，永遠都在工作。上班族就是不折不扣的勞動者，即使得以進入一流企業，只要仍是上班族，就沒有從勞動中解放的一天。

除非你的老家原本就是資產家，一般人除非在出人頭地的競爭中勝出，當上老闆或董事，否則不可能成為資產以億為單位計算的富翁吧？

當然，成為富翁不是人生目的，有些幸福花錢也買不到。但金錢能賦予人生餘裕與自由是事實，生活的選項也會更加寬廣。

我在串烤店告訴兒子：我一貫的主張就是**「勞動者必須以成為資本家為目標」**。

如果勞動者想要成為資本家，方法非常簡單，只要存錢買進股票，成為投資者即可。

購買一家企業的股票，就是成為這家企業的所有者。如果企業成長帶動股價上揚，就能享有資本收益，甚至可根據持股比例定期獲得股息收益。

這麼一來，就已經不是單純的勞動者了。上班族投資人既是勞動者，也能透過股票投資成為資本家。

這完完全全就是我在驚濤駭浪中，持續身兼投資者的上班族人生。我希望踏入職場，步入社會的兒子，也能具備身為投資者的眼光。

只靠薪水就能活下去的時代已經結束

兒子聽了我這麼一說，看起來仍是一頭霧水的樣子。

兒子是大學生，既不曾在公司上班，也沒有投資經驗，會聽得一頭霧水也無可厚非。

假使我的父親從事股票投資，在我找工作時對我說了類似的事情，我應該也會聽得一頭霧水吧。

於是我們再加點一杯啤酒，這回我告訴他接下來的內容——

我並不希望兒子原封不動複製我的人生。身為父親，我希望他能走自己喜歡的路。只不過我要很明確的告訴他，單純當個上班族（勞動者）就能活下去的時代已經結束了。

我成為上班族是一九九〇年代的事情。那是公司保留「終身僱用」與「年功序列」（日本傳統的工資制度，即員工本薪會隨個人年資與公司社齡的增加而調整提升）這兩種日式經營制度的末期。

時至今日，無論是終身僱用制還是年功序列制都已經完全瓦解。找到工作不代表終身安穩，就連薪水也沒保障。

如果業績不好，被裁員可以想見；如果僱用情勢惡化，一旦失去工作，二度就業也不是件容易的事情吧。

若通貨緊縮依然持續，即使緊抓著公司不放，薪水的漲幅也不值得期待。反之，若是通貨膨脹，也不保證增加的薪水能追得上物價。

無論通貨是緊縮還是膨脹，只要少子高齡化持續，社會保險的負擔增加，個人能夠自由運用的財富就只會不斷減少。如果兒子儘管懵懂，但仍抱持著想在未來結婚，建立幸福家庭的想法，我敢肯定地說，只靠上班族的薪水已不足以應付家庭開銷。

至少難以在生活中擁有某種程度的餘裕。因為上班基本上就和打工沒什麼兩樣，都是分售時間與體力的勞動。

雖然現在因為疫情的關係，允許副業的風氣逐漸普及，但如果將時間與體力用在公司，想要致力於副業也力不從心。

如果因為身兼二職而耗盡時間與體力，最後弄壞身體或是無法專注於本業，那就本末倒置了。

若是投資股票的話，就可以改變忙碌的上班族生活，讓金錢自動幫你工作賺錢。而我推薦的投資法是「放牛吃草型」，這是我在大起大落的人生中找到的終極投資法。

「放牛吃草型投資」就是「買進持有」（buy and hold）策略，一旦投資了就讓股票放牛吃草，不要因股價變化而患得患失，對平常的工作與日常生活沒有一絲一毫的影響。

我想這個方法遠比冒險從事副業更踏實。

三流大學畢業，平凡上班族也能變成「億萬富翁」

實不相瞞，我自己是三流大學畢業的，而且我還是重考一年才考上。我正式就職開始工作後，在某次聚餐時不小心透漏了母校的名字，還被前輩揶揄「這所大學畢業的人，竟然進得了我們公司啊！」前輩或許只是在開玩笑，我聽了卻相當沮喪，回到家想起來還為此流淚了。

我是在一九九〇年進入公司，正是一般俗稱的「泡沫就業組」，在對學生有利的「超賣方市場」中就業。我記得人資主管在我剛進公司時的新人研習中，曾明確說過「今年很難招到人才，所以才將錄取名額擴大到三流大學。」

兒子也因為家庭暴力問題，沒有好好的去上學，他能吊車尾考進三流大學已經很不容易。

話說，投資並不需要學歷，即使東大畢業也不保證能靠投資成功。就算不是大學畢業，只有國中、高中，甚至專科的學歷，透過投資獲得成功的可能性也非常高，事實上也的確有這樣的案例。

雖然有人說學歷已經成為過去，但根據我自己的親身體驗，不少公司依然看重學歷。

但投資就不管什麼學歷，大家都平等，也不講求性別與年齡。

我在大約三十年前開始投資股票時，為了取得必要的資訊費了不少苦心，但現在只要有手機，任何人都能輕鬆取得相關訊息。

現在已經進入散戶投資時所依循的資訊，不亞於高學歷基金經理人及機構投資者的時代了。

兒子啊，先買張股票吧！

我在大學時讀的是農學院，直到出社會之前，都與股票投資沾不上邊，幾乎不具備任何所需知識。

即使如此，我在開始上班之後，還是抱持著社會學習的心態開始投資股票。投資在當時是一大熱潮，所以我另一方面也是想要趕流行。

我正是從那時候開始走上了邁向資產兩億圓之路，但路途起起伏伏，絕非一路順遂。

我在下一篇〈ＳＴＥＰ １從低薪上班族開始的股票投資〉中將放下自尊，介紹這一路上的坎坷崎嶇，但最後總算累積了足以讓我考慮提早退休的資產。而我認為，自己成功的最主要因素，就是比別人早一步進入股票市場。

我告訴兒子，最好停止當沖客那種反覆短期交易的投資方式。

當沖客想要不斷勝出，需要非比尋常的投機性運動神經與直覺。而且在一天內反覆買賣賺取價差的當沖交易，必須在市場交易時間緊盯盤面監視股價變化，多數上班族與兒子都做不到這一點。

我希望兒子嘗試的是，挑選幾支股票並長期持有，花些時間賺取莫大報酬的投資形式。

「放牛吃草型投資」想要成功，讓時間站在自己這邊比什麼都重要。所以我希望兒子一出社會，就可以像我一樣開始投資股票（其實，我更希望他能從高中就開始，但實際情況並不允許）。

基金經理人與機構投資者這些專業人士必須在短期內做出成果，因此「放牛吃草型投資」可說是他們想做也做不來的投資法，正因為如此，散戶投資者才有勝出的機會。

失敗在股票投資中是家常便飯。我自己也曾經歷過慘痛的失敗。但只要趁早開始，就有東山再起的餘力。

只要把在失敗中學到的經驗應用於下一次的投資，就能降低失敗機率。如果在即將退休時，才為了老後生活開始投資股票，那就有點遲了。若是把退休金直接投入銀行推薦的投資商品，甚至連退休金都有可能見底。

無論是資本家，還是勞動者，擁有的時間都是平等的。資金有限的上班族，更應該及早開始投資股票，將時間的效果發揮到最大。

我們在串烤店聊完，過了一年之後，兒子進了本地的電力相關企業。

我為了慶祝兒子找到工作，以兒子的名義開了證券戶，匯了八十萬進去。這份紅包裡，有著我的心意：「你就自由運用這筆錢投資股票吧！」

為什麼不是整數一百萬，而是八十萬呢？因為距今大約三十年前，我剛開始投資股票時，母親送給我的金額就是八十萬。

母親多年來為了支撐家計，在學校當營養午餐阿姨，她把存摺與印章給我，對我說：「你可以自由使用。」戶頭裡是她一點一滴存下來的錢。

「你想買股票就拿去買。媽媽不懂股票也不懂經濟，什麼也無法教你。這筆錢就給你當學費。」母親這樣對我說。

老家背著自宅與祖母家共兩間房子的貸款，總計數千萬圓。當時這八十萬對支撐家計的母親來說，是一大筆錢。我滿懷感激地收下，原本打算連本帶利加倍奉還，但不久之後被捲入夢想破滅的泡沫經濟，八十萬幾乎全數蒸發。

這八十萬讓我學到許多事情。所以我也希望兒子就算把八十萬賠光也無所謂，只求能盡量多學到一點。

我是一名極為平凡的上班族，三流大學畢業、離過一次婚、單親育兒，在三十五歲時總財產只有九十萬，後來藉由投資股票從這樣的谷底累積了超過兩億的資產，接下來就是我現在想要告訴兒子的，關於金錢與投資的觀念。

希望不只兒子，如果能有更多人參考這本書，成為憑實力開拓富足未來的投資者，而不再只是分售時間與體力的勞動者，將是我的莫大榮幸。

STEP 1

從低薪上班族開始的股票投資

開始上班後，抱著學習心態展開股票投資

我在一九九〇年從三流大學畢業步入社會，當時的日本經濟剛好邁向泡沫化的高峰。

讚嘆日式經營的「日本第一」成為流行語，東京都山手線內的地價甚至飆漲到可以買下全美國的土地，日本的銀行被譽為全球最強。

我選擇的公司是地方的老字號食品公司。

就業戰場完全是賣方市場，即使畢業於三流大學，只要有意願，甚至連泡沫景氣中最熱門的銀行或不動產開發商都有機會被錄用。

我在大學的農學院研究蕈類（菇類），與其進入完全陌生的行業，我想還是有一定熟悉度的行業會比較好，所以選擇了食品公司。

當時實施終身僱用制，我想在同一家公司腳踏實地工作一輩子，食品公司儘

管樸實，但感覺起伏較小，所以我認為很適合自己。

我從上班第一年開始投資股票。我畢業於農學院，對於社會經濟不是那麼了解，覺得「買賣股票多少能當作是社會學習吧?!」更不用說當時是泡沫經濟時代，投資股票是一大熱潮，從另一方面來看，我也不過是跟隨社會潮流罷了。

在那個時候，我完全沒有想過要在五十多歲就提早退休，或是想著要幫自己累積將來的資產。

我買的第一支股票是「龜甲萬」，同樣也是食品公司。當時沒有網路交易，不像現在用手機就能買賣股票，必須去證券公司的營業處辦理股票投資的手續。

現在已開放零股買賣，可從一百股開始買，但當時最少必須買一張，也就是一千股，因此我幾乎把母親給我的本金全梭哈了。（台灣也能零股交易，即一股一股的買賣，自二〇二〇年十月二十六日起，更開放盤中零股交易，讓資金少的人也能輕鬆參與股市投資。）

我之所以會選擇龜甲萬當成第一個投資對象，是因為我工作的食品公司，業績正扶搖直上。

有些食品公司的優勢在於外食，有些則在於內食。所謂內食，就是消費者在家裡吃的家庭料理。我上班的公司內食較強，這樣的公司業績變好，不就代表「這是泡沫景氣即將結束的訊號，景氣或許會在未來惡化」——我的直覺發揮了作用。

像食品公司這種販賣生活必需品的內需股，即使在景氣倒退的情況也不容易下跌，因此被稱為「防禦型股票」（Defensive Stock）。

我的公司屬於未上市企業，但我看準同屬食品公司的龜甲萬應該會上漲，因此大膽地集中資金購買。

我在著手投資時雖然買了《會社四季報》（由東洋經濟新報社出版，解說全日本所有業界的指南，每隔一陣子就會更新），投資前卻沒有詳細調查龜甲萬的資料。我想即使調查了，也無法理解這些數據的意義。

說起來不太好意思，我當時連PER（本益比）與PBR（股價淨值比）這些對投資者而言基礎到不行的股價指標，以及ＰＬ（損益表）與ＢＳ（資產負債表）等財務報表都完全不懂。

我沒有像樣的策略，也不知道該買什麼，說老實話，我買龜甲萬就只因為這是一家誰都認識的食品大廠。現在回想起來真是初生之犢不畏虎。

不過因為新手的好運，龜甲萬的股價上漲，我在獲利達到十五萬左右時賣出。這次的成功經驗，成為我鑽研股票投資的契機。

光看雜誌報明牌就下單，結果大失敗

我開始投資股票時，還無法透過網路輕易取得資訊，但上班族也沒有時間在投資前，特地找來有價證券報告書研究。

我當時在業務部，為了多少提高自家公司商品的周轉率，幫忙整理貨架是每天的功課。角色有點像是廠商派駐在家電賣場的促銷人員。

我只要接到超市進貨負責人的聯絡「可以來幫忙一下嗎？」即使假日也會趕去賣場，因此沒有多餘的心力靜下來研究股票。

當時的股票買賣相較於網路交易已經是家常便飯的現在，也極其原始。必須先透過報紙確認前一天的收盤價，再聽著調頻收音機追蹤股價變化，接著打電話到證券公司下單買賣。

業務部門經常在外面跑，上班時間的買賣也相對自由。這麼做其實違反公司規定，但事到如今就不要追究了。

即使透過電話下單賣出，也暫時無法確定買賣是否真的成立。通常是上午下單，下午才會接到證券公司打電話通知「那支股票賣掉了」。該說是悠閒嗎？總之是個步調緩慢的時代。

當時我仰賴的資訊來源是投資雜誌。我單純的相信「本月推薦個股」，並依此進行買賣。

雜誌推薦的個股中，有一支是「三菱化工機」，這是一間製造石油、化學等裝置的公司，隸屬於三菱集團。

那時候，我連這家公司的事業內容與財務狀況都搞不清楚，只憑著「三菱集團應該可以放心」的信心，買進雜誌推薦的這支股票，結果股價真的上漲，我也因此而獲利。

後來這份雜誌的「本月推薦個股」連續兩個月都介紹了三菱化工機。我也繼續加碼，但買進當天股價達到頂點，後來就持續下跌，結果我在跌到半價時遭遇「恐慌脫手」的沉痛教訓。

當時不要說像我這種徹底的外行人，許多散戶都蒙受損失。經濟泡沫破滅的巨浪，終於開始打擊股票市場。

下午三點收盤之前，首先是期貨的賣單接二連三進來。接著彷彿受到影響似的，現貨的賣單也湧入，股價不斷探底。這樣的狀況一再反覆，大半的投資人都虧了錢。

我即使虧損也不放棄投資股票，因為我有一個夢想。

我在閱讀《會社四季報》時發現，根據持股數依序列出的「股東」欄位裡，除了信託銀行、壽險公司等知名投資機構外，也穿插著個人的姓名，這讓我受到很大的衝擊。

「能夠與機構投資者比肩真是太厲害了」我心生嚮往，同時也開始萌生龐大野心，這輩子至少要有一次讓名字出現在《會社四季報》的股東欄位裡。

不只成為大股東，我也希望以一名擁有者的身分，對投資的公司暢所欲言。當時實領的薪水還不到二十萬，這個野心對我而言也可說是有勇無謀，但我就抱持著這樣的野心，在經濟泡沫破滅後，依然持續進行股票投資。

結婚六年，發現妻子外遇

這段時期，我過著週末也加班的忙碌生活，但公司有「業務員不申請加班

費」的「默契」。

我用一天一千五百圓的業務加給吃著午餐，心想「反正大家都是同樣的待遇，當個業務員就是這麼一回事吧」，不太在意這件事情。

我第一次結婚是二十八歲，那是阪神大地震、地下鐵沙林毒氣事件相繼發生的一九九五年。

我幾乎在結婚的同時從業務部門調職到IT部門。現在回過頭來看，調到IT部門無論對我的人生，還是對投資活動而言都是一大轉捩點。

即使換個部門，我的薪水也幾乎沒有改變。單身一人還勉強過得去，但夫妻倆只靠實領二十萬的一人薪資實在很難生活。而且婚後不久長子就誕生，我們成了三口之家。

我跟當時的妻子商量：「你能不能出去工作，分擔家裡開銷？」結果妻子回答：「你都有閒錢玩股票了，不需要連我都去工作吧？」

我雖然有著總有一天想要登上《會社四季報》股東欄位的野心，但這時股票投資對我而言就像興趣的延伸，和打柏青哥一樣，有贏的時候，也有輸的時候。

我想要在妻子面前體面一點，所以運氣好時賺了錢，就會說些取悅妻子的話「賺錢了呢！我們可以拿這筆錢去旅行了。」但賠錢的時候就什麼也不說。因為這樣，妻子還以為我靠著股票賺了不少。

但實際上是賺了又賠，賠了又賺，即使我不斷地把獎金全額投入，股票資產也只在一百萬左右來來去去。

那時候也是企業趕著IT化的時期，IT部門遠比業務部門忙碌。我從早到晚都在公司盯著電腦，週末也經常必須加班。

妻子也不需要幫每天都深夜才回家的老公準備晚餐，或許因為閒到發慌吧？她開始去夜店兼職。

我心想「這麼一來就能減輕家庭開銷的負擔了」，結果是空歡喜一場，妻子主張「你賺的是家用錢，我賺的是自己的零用錢」。

雖然啞口無言，但我說服自己，和這樣的女人結婚是自己的選擇。

沒想到妻子的夜店兼職，在我的人生中掀起了萬丈波瀾。

二〇〇一年的某天晚上，我久違的提早結束工作回到家裡，妻子已經出門上班了。

我看了幼子可愛的睡臉後，隨手拉開客廳桌子的抽屜，結果發現裡面裝著幾十封給妻子的信。

我心想「這是什麼？」拿起已經拆開的其中一封來讀，讀完後大吃一驚。妻子與夜店的常客外遇，而這是來自外遇對象的熱烈情書。

現在這種愛的告白應該會透過簡訊或LINE，但當時還保留了寫情書的昭和文化（約一九二六到一九八九年代）。

那已經是二十多年前的事情了，所以我現在回顧時能夠保持平常心，但是當天晚上我遭受嚴重的打擊，覺得自己差點就要暈過去，精神狀態完全無法保持冷靜。

把剩下的錢全數投資，結果也……

我質問下班回來的妻子，她乾脆地承認外遇。

接下來有好幾天，我既沒心情工作也沒心情做其他事。我換位思考，覺得只顧工作不顧妻子的自己也有錯，事已至此，責怪妻子也無濟於事。

話雖如此，我已無法忍受繼續與妻子同住一個屋簷下，而她似乎也想和外遇對象在一起，於是我們決定離婚。

問題是，獨生子的親權歸誰？

在日本的法律中，母親的親權遠比父親占優勢，即使離婚的原因是妻子外遇，但在法庭上依然十有八九會判給母親。

另一方面，妻子的外遇對象惱羞成怒，好幾次打電話給我，以相當粗暴的口氣挑釁，性格中似乎也有暴躁易怒的傾向。

如果把親權讓給妻子，我的寶貝兒子說不定會被那個男人當成拖油瓶而受到傷害。於是我開口向妻子要求親權，結果她很乾脆就答應了「親權就讓給你吧。」關於這一點我很感謝前妻。

兒子雖然年幼，也覺得妻子交新的男友不好，從那時就很黏我，因此對於跟著我並沒有意見。

剩下的就是財產分配的問題了。掌管家庭開支的妻子，直接把薪轉戶的存摺與提款卡帶走，我與兒子只剩下存在證券戶頭裡的一百三十萬。

離婚在二〇〇一年九月十日成立。隔天一方面因為自暴自棄，我把留在證券戶頭裡的一百三十萬全部投入股票。這段期間的記憶變得有點模糊，但我想自己應該買了好幾支。

結果當天晚上（美國時間的早晨），伊斯蘭極端主義的國際恐怖組織蓋達，劫持了四架美國客機，其中兩架撞進美國世貿中心的雙子星大樓。沒錯，就是爆發了「九一一恐怖攻擊事件」。

我透過晚上的電視新聞，看見了客機撞進雙子星大樓的爆炸畫面。

電視上出現的影像太超現實，我當下無法理解發生了什麼事，但隨著我逐漸了解全貌之後，不禁打了個冷顫「這下子可不得了！」

鄰近恐攻現場的紐約證券交易所，因為這起空前絕後的事件，休市到九月十七日。

日本股市儘管維持交易，也因為受到事件餘波直擊而崩盤。日經平均股價指數自一九八四年來，睽違十七年跌破一萬點。

當然，我在前一天用證券戶頭裡僅剩的一百三十萬、全額買進的股票毫無例外的全部跌停。儘管隔天十二日早晨立刻掛單賣出，也因為找不到買家，買賣並未成立。

不僅如此，我甚至連絡不上證券公司。

幾天之後終於接到連絡，結果卻是「市值只剩下九十萬，您要如何處理？」

我聽完腦中一片空白……

變成單親爸爸，無法加班，靠本薪度日

就這樣，我在三十五歲時成了單親爸爸，陷入總財產九十萬的谷底。我甚至把錢包裡剩下的零錢拿出來數，但所有財產真的就只有九十萬。

儘管身為上班族，每個月都能領到薪水，但以單親爸爸的身分養育孩子，總財產還只有九十萬，依然讓人覺得不踏實。

而且單親爸爸還比單親媽媽更不利，因為單親爸爸很難得到政府的補助。日本的價值觀直到昭和時代，都還是爸爸上班賺錢，媽媽守護家庭，政府或許是根據這樣的價值觀，認為單親媽媽需要補助，至於單親爸爸不補助也無所謂吧？直到二〇一〇年修法（兒童撫養補助法）為止，政府幾乎都沒給過單親爸爸補助。

前妻是專職主婦，兒子過去全都由她照顧，但九月十一日起，就只能由身為

父親的我負責。

我的生活因此發生了劇烈變化。早上八點送孩子去托兒所之後，九點上班。過去時常工作到半夜，但成了單親爸爸之後，每天都必須準時五點半下班，趕去托兒所接兒子。

每次去托兒所接兒子的時候，他都會抽抽搭搭地哭著說：「大家都是媽媽來接，只有我是爸爸，我討厭這樣！」雖然是他主動說要跟著父親，但畢竟還是很眷戀母親的年紀。

公司的同事與上司也都冷眼旁觀。在吵嚷著勞動方式改革的現今或許難以想像，但當時幾乎沒有員工在八點以前回家的。

那個年代甚至有每個月加班超過兩百小時，幾乎要過勞死的員工，因此每天傍晚五點半準時下班的我在公司逐漸失去容身之處，不要說被趕到窗邊，甚至可說是已被排擠到「窗外」了。

剛好就在這時候，我終於有機會從一般員工晉升為主任，我是候補人選之一。

不先當上主任就無法晉升管理階級，而聽說主任的任用考試非常困難。但自己在公司裡相當於被排擠到「窗外」，因此我已經有了連任用考試都不被允許參加的覺悟，幸好公司還是讓我參加考試，而我也順利通過了。雖然是入職六年後的事情，但好歹也當上了課長。

IT部門和業務部門不同，調到IT部門之後也能夠申請加班費了，但每天準時下班的自己當然不會有，依然只能苦苦撐起家庭開銷。

我幾乎沒有做家事的經驗，張羅每天的三餐也十分吃力。

總財產只有九十萬，也領不到加班費，因此不可能每天帶兒子外食。雖然利用了一次送來數天份食材的服務，但在食品公司上班的我卻不諳廚藝，所以總是做不好。

早餐只吃麵包，晚餐則勉強學會了兒子喜歡的咖哩飯、炒飯、漢堡排，父子倆就日復一日輪流吃著這幾道菜。

雖然莫可奈何，但我真的對兒子感到很抱歉。

谷底上班族的優勢有哪些？我試著做「SWOT分析」

我變成單親爸爸，總財產只有九十萬，也沒有加班費，在這種情況下，當然也不再有餘裕以打柏青哥般的散漫心態投資股票了。為了從谷底爬上來，我只能背水一戰。

我每天傍晚五點半準時衝出辦公室，先繞去托兒所再回到自己家，晚上如果力求振作就能空出時間。

我的腦中一度閃過到便利商店上大夜班的念頭。但自己已經三十五歲了，即將步入中年，不眠不休兼兩份差實在太辛苦。就體力來說，即使能在短期間撐一陣子，也難以持續到兒子能夠獨立的年齡。

那麼，該如何突破悲慘現狀呢？

我為了找出線索，在兒子安靜睡著之後，試著把當時流行的「ＳＷＯＴ分析」套用到自己身上。

SWOT分析是一九七〇年代在美國普及的經營戰略決策輔助手法，分成以下四個面向。

S（Strength）＝優勢
W（Weakness）＝劣勢
O（Opportunity）＝機會
T（Threat）＝威脅

我可以列出自己的無數「劣勢」，但我的「優勢」又是什麼呢？我重新思考之後，列出以下三項：

- **我是上班族，因此生活有最低限度的保障**
- **我在IT部門工作，對於IT多少有點了解**

・當時投資股票的主力是高齡族群，我比他們更熟悉網路的運用

如果硬要列出「威脅」，那就是前妻了，但我想離婚與成為單親爸爸這兩項讓我近乎失魂落魄的重大打擊，已經足以畫下「停損」。

自己的薪水不需要再被前妻要求「你賺的錢是家用錢」，能光明正大地投入股市。這麼一來，在股票市場中的「機會」也能增加。

除此之外，透過網路投資股票的環境已經逐漸完善，這是另一個不能錯過的「機會」。如果像以前那樣必須打電話到證券公司，等好幾個小時才知道股票是否賣出，投資就無法有效率進行。

但如果能夠透過網路即時交易，投資效率就會提升，這麼一來就能增加資產，擬定家庭收支防禦戰術。

根據以上SWOT分析的結果，我得到的結論是，為了守護我與兒子的兩口之家，唯一的方法就是活用網路投資股票。

我雖然離婚變成單親爸爸，但能夠騰出充分的時間研究股票，對於投資反而是好事。

我從剛出社會的第一年就開始投資，但只是沒原則的隨波逐流，實在不值得讚許。

九一一事件之前，我之所以會那樣完全不經思考就將資金全部投入股市，是因為不夠用功，頂多只是翻翻《會社四季報》，連有價證券報告書都幾乎不太讀。我對於該買哪支股票完全沒有概念，只憑當下的直覺隨便選。

現在透過企業網站與金融廳的資料庫「EDINET」（https://disclosure.edinet-fsa.go.jp/）等，就能輕鬆查閱有價證券報告書與財務摘要等投資人關係資訊了。（台灣可搜尋「台灣證券交易所」或「公開資訊觀測站」等相關網站。）

自從我變成單親爸爸，習慣準時下班的生活後，開始有時間在孩子入睡之後研究股票。我先將下班前無法完成的工作處理完畢，接著開始閱讀關於投資的書籍與網站。

二〇〇〇年之後，逐漸能夠透過網路取得投資股票所需的企業資訊。即使不到將有價證券報告書的每一頁都熟讀的程度，根據書本與網路所能取得的資訊進行最低限度的研究依然不可或缺。

我重整心情面對股票，立下「透過投資股票累積一億資產」的遠大目標。

為什麼是一億呢？我不否認這當中有著想讓拋下兒子與自己離開的前妻刮目相看的心情。

雖然我並不打算在資產累積到一億時告訴前妻，但只要能在心中產生「妳後悔了吧！」那種勝利的驕傲感就夠了。

附帶一提，前妻至今都不知道我已經累積了超過兩億的資產。

我下定決心，為了透過投資股票累積一億的資產，必須先「存下一千萬的資本」。兒子啊，這就是谷底上班族反擊的狼煙。

STEP 2

四年存下第一桶金的方法

存下股票投資所需的一千萬資金

為了從總財產只有九十萬、單親、沒有加班費的谷底狀態，透過股票投資讓家中的經濟狀況V型反轉，手頭就必須有作為本金的資本，因此我決定先存下一千萬。

不過，我並沒有妄想透過投資股票，讓總財產從九十萬增加到一千萬。既然我是每個月領固定薪水的上班族，只要減少開銷就能透過「節約」增加資產，所以我把焦點擺在這個部分。

這個方法即使是剛開始上班的兒子也能實踐。

話說回來，為什麼是一千萬呢？因為資本主義的基本運作方式，就是有錢人能變得更有錢。

據說在二〇二〇年，很多人把政府給每人十萬的防疫特別補助款當成本金，著手投資股票。現在和以前不同，一百股單位就能買，相對於過去，可以理解成很歡迎、甚至是鼓勵小額投資。

但即使如此，股票投資最好還是本金越多越有利。關於這一點，或許再稍微說明得更詳細比較好——

假設本金是十萬，每年能夠創造二十％的利潤，一年後的金額是十二萬。如果以息滾息的「複利」方式繼續投資，十年總算突破六倍，達到六十萬。

我自己的本金是九十萬，以十年約六倍計算，過了十年將突破五百五十萬。

各位或許會覺得增加這麼多很了不起，但我在十年後就四十五歲了，兒子也差不多到了該考慮讀大學的年齡，總資產只有五百五十萬會很讓人擔心，因為私立大學四年的學費差不多要四百萬。如果兒子獨自生活，還要匯給他生活費，我就必須做好總共得花八百萬的心理準備。

話說回來，在股票投資中連續十年維持二十％的年利率，難度相當高。就連被譽為世界第一投資家的華倫．巴菲特，年利率也不過是比二十%多一些。一般散客投資人要連續十年維持同樣的利率，想必非常困難。

如果本金不是十萬，而是一百萬，那麼就能憑著年利率二十%的報酬在一年後得到一百二十萬。如果本金是一千萬，一年後就能得到一千兩百萬。**股票投資就是本金越多，最後得到的報酬也理所當然地越高**。

從小額開始的投資，若想大幅增加資產，需要相當於巴菲特程度的投資效率。但如果從一千萬開始，即使只是個素人散戶，也有機會透過報酬率沒那麼高的投資風格，大幅增加資產。

能算出本金多久會變兩倍的「七二法則」

話題回到開頭那場，我在日後與兒子進行的串烤店對談。

兒子突然傳來一則ＬＩＮＥ訊息：「我想買JT（日本菸草公司）的股票，你覺得如何？」他似乎在投資網站上讀到一篇將JT視為「高配息股票」的文章，因此對這支股票產生了興趣。

我不好意思對兒子想買的股票說三道四，因此立刻透過ＬＩＮＥ回覆他「七二法則」。

「七二法則」指的是在持續以複利投資的情況下，利用「72÷利率」就能簡單算出本金變成兩倍所需的時間。

假設兒子將我送給他的八十萬的一半，也就是四十萬拿去買JT，而JT的現金殖利率是七．六％（撰稿時點），將這個數字套用到「七二法則」計算出來的結果就是「72÷7.6＝9.5年」。換句話說，四十萬在九年半後會變成兩倍的八十萬。雖然就錢滾錢的角度來看很了不起，但也可以說九年半才賺四十萬。一年四萬，每個月連三千五百圓的聚餐費都不夠付。

最根本的問題還是本金太少。

假設本金有一千萬，九年半後就能變成兩千萬，甚至足以解決因金融廳工作小組在二〇一九年提出報告而引發熱議的「老後的兩千萬問題」（根據日本金融廳試算，如果是以年金為主要收入的高齡夫妻家庭，平均每月所需花費五萬日圓來計，持續三十年將需要約兩千萬日圓生活費。依當時匯率論，折合台幣約五百九十萬元；台灣的情況則是，依行政院二〇一八年的家庭收支報告分析，退休後二十到二十五年，不含通膨因素和醫療支出的話，每人至少需準備七百二十到一千兩百萬元退休金）。我告訴兒子，如果想買JT這類高股息股票，必須等到擁有一定程度的資產後再來考慮。

認真存就能攢下年收入的一半

再把時間拉回二〇〇〇年。

先說結論，**我在離婚四年後，將總財產從九十萬增加到一千萬**。

我沒有加班費，所以當時實領的年收入大約四百萬。我先決定將其中的一半兩百萬存起來，與兒子靠著剩下的兩百萬生活。

兩百萬×四年＝八百萬。再加上邊學習邊持續股票投資所得到的兩百萬未實現利益，四年存下了一千萬的本金。

如果本金只有九十萬，想要只憑投資股票獲得每年兩百萬的報酬，就需要二〇〇％以上的報酬率，而且還得持續四年，這是連股神巴菲特也無法實現的神技。

不過，只要過著節儉的生活，徹底避免浪費，年收入四百萬的上班族，想要每年存下兩百萬，五年存下一千萬也是非常有可能的。

在累積本金的階段，節儉要比投資股票更有效果。我已經透過親身體驗證明了這一點。

無論如何，最重要的是心態。不是將多餘的錢存下來投資，而是設定本金達到目標金額的時間，由此逆推「每年必須存下多少錢」，並且確實執行。

當想存的金額變得明確，即使咬緊牙根勒緊褲帶，也能靠著剩餘的錢生活。

根據國稅廳的「令和元年（二〇一九年五月～）分民間薪資實態統計調查」，上班族的平均年收入約為四百三十六萬，扣除稅金與社會保險等，實領的年收入約為三百五十萬，換算成月收入不到三十萬。

男女的平均年收入差異很大，男性為五百四十萬，女性為兩百九十六萬。就單純計算來看，雙薪家庭的年收入約為八百四十萬，實領年收約為六百二十萬。如果雙薪家庭的夫妻，擁有利用投資股票防衛家計的共識，那麼四年存下一千萬不是什麼難事。

為了作為參考，我以更接近自己境遇的月收三十萬家庭為例，試著進行節約支出模擬。（依據台灣行政院主計處公布，二〇二一年一月受雇員工平均總薪資約台幣四萬三千元，其中有六七%的人薪水低於平均，且過半數的人年收入不到五十萬元。）

【DokGen流】儲蓄資金的方法——①
居住費壓在月收入一成五以內

人生在世不可缺少食衣住，**首先必須省下的是「居住費」**。節約的基礎，就是削減每個月都必須支出的「固定費」。關於這點，居住費是家庭開支的第一名，在固定費中也是最大筆的支出。

幸好我的公司提供宿舍，而我從單身時代就住進去。雖是房租六萬九千圓的獨棟房子，但當時實際上只需負擔八千圓。即使結婚也沒有被要求搬離，長期都住在那裡。

居住費只要八千圓就能解決，這點讓我對公司萬分感謝。像我這樣的例子或許少見，但不少上班族都能領到「居住津貼」。在同一個縣獨自生活的兒子，也從公司領到約兩萬圓的居住津貼。

一般認為，適當的居住費為每月實領薪資的二到三成，但為了存下本金，最

好能控制在一成五左右。

假設包含獎金在內，實際領到的年平均月收入為三十萬的話，那適當的居住費就是三十萬×十五%＝四萬五千圓。如果公司提供一萬七千圓的居住津貼，合計的居住費就是六萬兩千圓。

若實領月收入稍微少一點，大約二十五萬，居住費就是二十五萬×十五%＝三萬七千五百圓。若公司提供一萬七千圓的津貼，那麼合計的居住費就是五萬四千五百圓。

東京或大阪之類的大都市，房租五萬～六萬或許終究還是有點勉強，但稍微遠離市中心，選項就會大幅增加。

遠端工作因新冠疫情擴大而幾乎全面普及，即使疫情結束，也很有機會在某種程度上持續遠距工作。

假設每週只要去公司二到三天，其他時間都在家上班，就算居住地點遠離市中心的辦公室也還過得去。而且這樣的趨勢已經開始浮現，越來越多上班族考慮工作與生活的平衡，即使在市中心上班，也刻意住在親近山、海，擁有豐富大自然的場所。

大都會圈的通勤人潮，也比疫情之前緩和，因此即使通勤時間多少拉長，也不再像以前那麼痛苦吧?!

如果有家人同住，一房或一房一廳確實太過侷促，但若是雙薪家庭，家庭年收入一成五左右能租賃的適合物件就會多很多。（根據房仲公司統計住宅網二〇一九年十二月新北市十五區待租物件開價得出每坪租金超過一千元的以永和區居冠，接著是板橋、三重、中和、新店、蘆洲，最低價是三峽區每坪六百二十四元，如果以單身月薪兩萬四千元來論，想在大台北地區以月收入的一成五到兩成租到房子，大概只能往淡水區、三峽區尋屋了。）

無論是單身還是雙薪，如果因為低利率而想要買房，我認為最好打消這樣的念頭。

在培養出投資技術之前，背負房貸這樣的龐大債務，就投資股票來說，只會帶來負面影響。

【DokGen流】儲蓄資金的方法——②
餐費控制在月收入一成左右

接著說明關於食衣住的「食」。餐費占家庭支出比例的第二名，僅次於居住費。

一般認為，餐費基本上約占家庭收入的一成五。而餐費屬於每月支付金額都不同的「變動費」，因此花點心思就能大幅壓低。

若實領月收為三十萬，想在四年存下一千萬，單身者最好將餐費控制在收入的一成，也就是三萬左右，而實現這點不可缺少的就是「自己開伙」。

單身（受薪者家庭）的餐費男女不同，男性平均為四萬八千九百一十二，但女性平均則只有三萬八千三百九十三，差了將近一萬，之所以會有如此大的差異，或許與自己開伙的頻率有關。女性通常自己開伙的頻率較高，因此能將餐費控制得比較低吧？

據說外食的成本約三成。自己開伙只需花費成本價，能夠大幅節省餐費。我在離婚之後，也迫於需要而開始自己下廚，儘管因為不熟悉廚房的工作而手忙腳亂，但久了之後菜色也逐漸增加。雖然在最一開始，讓成長中食欲旺盛的兒子吃了不少苦，不過自己開伙的確省下了不少，為儲金簿帶來莫大貢獻。

說起來，網際網路時代，只要上網搜尋「Cookpad」等料理網站，透過影片就能學到一手好菜，像我這種缺乏廚藝的男性，只要有心也能輕鬆上菜。

以我的狀況來說，除了公司提供宿舍外，附設員工餐廳也是一大助力，由於餐點非常便宜，我都在那裡解決午餐。

許多公司並沒有員工餐廳，在這種情況下，可以考慮將晚餐的剩菜裝便當帶去上班也是個好方法。

我兒子似乎也盡量自己開伙，但他也說了「去薩莉亞吃說不定更便宜。」他的公司就沒有員工餐廳，中午都吃五百圓左右的便當以壓低餐費。

只顧著省錢會讓人喘不過氣，偶爾放鬆一下，吃吃外食也無所謂。我家也經常去薩莉亞、家庭餐廳、麥當勞之類平價的連鎖餐廳用餐。

說到餐費中較大的花費，男性應該是酒，女性應該就是甜點了吧？

我非常愛喝酒，離婚前也經常喝酒聚餐，但我專心省錢的這四年，完全沒參加，如果想喝酒就在家裡喝。

我主要喝發泡酒而非啤酒，偶爾頂多小酌一下便宜的威士忌，酒費幾乎沒有影響家庭開銷。

如果喜歡甜點，可以透過減少享用甜點的次數，或是改吃便宜的便利商店甜點，總之最好減少花費。

工作空檔喝的咖啡也是，星巴克的中杯咖啡一杯約三百六十圓，羅多倫約兩百七十圓，但便利商店的咖啡一杯只要一百圓，而且味道也不差。

如果一天想喝好幾杯，可以每天早上先在家裡沖好，裝進保溫瓶裡帶去公司，一千圓左右就能買到一公斤的粉狀咖啡。

一杯咖啡使用的適當粉量約十到十五公克，假設使用十公克，一公斤就能沖一百杯，換算起來一杯只要十圓，非常經濟實惠。

只要花點巧思，也有無限方法能在嗜好方面省下錢。

【DokGen流】儲蓄資金的方法——③ 全身上下都穿優衣庫

最後是「治裝費」，在食衣住當中，治裝費最容易省下。

我自己平常幾乎全身都是優衣庫（Uniqlo）。雖然我對內衣褲較講究，穿的是「Calvin Klein」，但這也是成為「億萬富翁」後的事。我在努力節約時期，包含內衣褲在內，全身上下穿的都是優衣庫。

或許是從優衣庫的公關帳號之類聽來的吧；總之我聽說優衣庫的商品雖然便宜，卻相當耐穿。款式也多半是不易退流行的經典款，因此不需要每年買新品。除了優衣庫之外，也有其他便宜又高品質的服飾品牌，剩下的就只是喜好問題，只要穿這些品牌即可。

上班的穿著方面，越來越少公司像以前那樣規定必須穿西裝打領帶，逐漸朝著休閒化發展。當遠端工作進一步普及後，這樣的傾向想必更加強烈。

最近即使較古板的公司，也開始允許長褲配上外套和ＰＯＬＯ衫這類半正式服裝，這些在優衣庫或西裝量販店也能買到，其實西裝、領帶也一樣。

可不要小看送洗費

我成為單親爸爸之後，每天必做的就是早上將工作需要的襯衫洗淨晾乾，下班回家收進來，燙得平整後才睡覺。

如果將襯衫送洗，便宜的洗衣店一件也要一百五十圓左右。一個月上班二十天就要三千圓，年支出將高達三萬六千圓。只要自己清洗熨燙，就能省下這一筆花費。

話說回來，最近各西裝品牌都推出只要洗淨晾乾，不需要熨燙也不會產生皺摺的免熨燙襯衫。

如果將西裝送洗，上下一套每次大約需要一千到兩千圓。容易出汗的夏天，兩週就必須送洗一次。我自己以前是盡量避免送洗，但現在也推出了家用洗衣機就能清洗的可水洗西裝。

無論是平常穿的衣服還是上班穿的衣服，選購不需支付送洗費的可水洗款式，也能幫助節省治裝費。

不需要記帳

不少人會為了省錢而記帳。

幾年前，大家在公司的忘年會上，熱烈討論著某雲端記帳軟體很方便、網路銀行ＡＰＰ有記帳功能很好用等。

我在一旁聽著他們討論，回想起二十年前記帳時的事情。

我在離婚後，剛展開節約生活時，開始使用Excel記帳，但沒幾天就放棄了。

或許受到Ｂ型氣質的懶散性格影響，我覺得只要記錄一次，將家庭開銷的金流可視化之後，似乎就沒有一直持續的必要。

我在離婚前，把薪水完全丟給前妻管，就連每個月的電費是多少都搞不清楚。

開始記帳之後，電費、瓦斯費、水費、洗衣費、手機費等花費一目瞭然。摸清楚這些花費雖然頗有幫助，然而一旦釐清，就能明確知道哪些部分應該省下。

我最先省下的是訂報紙的錢。因為看公司訂的就可以了。

節約的關鍵，就在於能夠省下多少每月不變的固定費。

譬如電費，只要更改合約方案就能調降基本費，而現在也有將電費、瓦斯費、手機費全部集中到一間公司，藉此省下大筆開銷的方案。

我也透過攜碼換約，將手機從大規模電信公司換成廉價電信公司，光是這麼做每個月就省了五千圓，每年省了約六萬圓。

這些改善行動，只要記一次帳就能立刻實踐，一旦改善上了軌道，也就不需要再檢視每個月的開銷了。

再者，關於婚禮之類的臨時開銷，即使記錄花了多少錢，也無法減少之後的花費。

居住費也是，只要搬到便宜的地方，每月租金就會固定下來。餐費也只要追蹤三個月，就能看出大致的傾向，因此沒有必要再繼續記帳。

散戶投資者需要的不是透過記帳之類的方式回顧過去的金流，而是釐清**「現在有多少資金，該如何使用（管理）」**。

一旦把金流可視化，減少無謂的浪費，即使每天記帳，節約效果也都離不開誤差範圍。再繼續記帳能夠得到的回報也小到可以忽略。

比起檢視家庭開銷，把帳記得完美似乎成了許多人的目的。但比起持續記帳，立刻採取省錢的行動更重要。

記帳終究只是減少無謂浪費的工具，無法有效增加金錢。我存到一千萬，回歸投資生活後，只會每個月檢視這兩個項目：

- **自己總共有多少錢＝總資產**
- **其中有多少是現金＝購買的餘力**

記錄這兩個項目是為了確認接下來投資時有多少現金可以動用，只有這個習慣毫不間斷地持續至今。

兒子也很懶散，不知遺傳到誰，但這點程度的記錄他應該也做得到。

STEP 3

讓第一桶金翻倍的股票投資

投資商業模式令你賞識的IT企業

我在二〇〇一年受到九一一事件波及，總財產變成九十萬後，靠著四年的節約生活終於存到一千萬的本金。接下來就要正式回歸股票市場了，於是我開始思考應該買哪支股票。雖然我曾因為買了投資雜誌推薦的股票而失敗，但四年來也學習了不少，最後根據SWOT分析，將焦點擺在自己擅長的IT領域。

雖然一九九九年到二〇〇〇年間，IT泡沫化已經席捲美國，聯準會依然在二〇〇一年公布升息。隨後彷彿雪上加霜似的發生九一一恐怖攻擊，IT泡沫完全破滅。然而在此之後，日本如雨後春筍般誕生了許多可望成長的IT企業，因此我就把焦點擺在這些企業上。

將我推上億萬富翁的原動力，就是我於二〇〇四年開始投資的「才望子」（Cybozu，東證一部，4776）。才望子是協作軟體公司，製作企業內的資訊共享工具，現在可說是擁有預見了後疫情時代必須遠端工作的先見之明。

二〇〇四年投資這家公司時，當然想像不到現在的狀況，我只是在參加某個工作相關的研討會時，聽了才望子現任社長青野慶久的話，覺得「這家公司雖然小，卻很有趣」，於是發揮了直覺，在研討會結束之後，立刻買了他們的股票。

當時的無線網路環境不如現在這樣完善，我將電腦接上電路交換網路系統ISDN（整合服務數位網路），透過數據機上網下單。

我也從這段期間開始寫部落格。

部落格大約從二〇〇二年開始在日本引起關注，並於二〇〇四年左右大肆流行起來。我喜歡新的事物，因此也想試試看。

我在部落格中，主要寫的幾乎都是剛開始投資的才望子。

我是在成為單親爸爸後才開始認真研究股票投資，但我買才望子幾乎是憑直覺，既沒有參考財務狀況，也沒有參考股價圖表。雖然買了才來確認財務與股價的確有點太遲，但是我在確認完之後就放下心來，而且「成為日本協作軟體的領頭羊」這樣的經營願景深深打動了我，瞬間成了這家公司的粉絲，在部落格上盡情抒發我的「才望子之愛」。

實際上，當時我正與現任妻子交往，並且已經考慮要與她再婚。她與前妻不同，有自己的工作與薪資收入。我推薦她「才望子是家好公司，不妨買買看」，她也聽從了我的建議買了一些。

一年從一千萬變成兩億三千五百萬

我開始在部落格上介紹才望子後，其股價也逐漸攀升。

日本從IT泡沫破滅之後，到二〇〇六年發生後面將提到的活力門事件之前，IT相關股票掀起了「小型泡沫」。於是我從這些IT相關股票中挑選一些較亮眼的，不斷把錢投資進去。

我在那時一直提醒自己**「不要投資自己不熟的公司、不清楚其商業模式的公司」**。這點股神巴菲特也一樣。過去曾因為買了不清楚在做什麼的三菱化工機而蒙受損失，我下定決心不再重蹈覆轍。

我之所以投資才望子，一方面是因為在研討會上被青野社長提出的願景打動，但更重要的是，他們提供了身在IT部門的我想要使用的產品與服務，這點成為我決定投資的關鍵因素。

除了才望子，我還買了因為一些私人原因無法公開名稱的A公司、一休（從東證高成長新興股票市場移轉至東證一部後，在二〇一六年成為日本雅虎的完全子公司而終止上市）、BALS（因MBO管理者收購而未掛牌，二〇一七年公司名稱變更為Francfranc）等。

A公司屬於雲端SaaS（軟體即服務）領域，和才望子同樣提供我想使用在工作上的產品與服務。

「一休．com」也是我出差時經常使用的線上訂房網站。至於BALS則與工作無關；我走在路上偶然發現家具家飾賣場「Francfranc」，很欣賞他們的品味，於是決定投資其母公司。

我在部落格上提到投資的股票後，這些股票的股價就會不可思議地上漲。這樣的現象不斷持續，尤其才望子的股價逐漸攀升，甚至開始有人把我當「教祖」崇拜，每天都有超過千人閱讀我的部落格。

接著到了二〇〇五年底，《日本經濟新聞社》刊登的年股價漲幅排行榜前十名中，我主要持有的三支股票，包含才望子在內全部上榜。才望子在這個階段已經達到股價超過十倍的「十倍股」，而其他股票的股價也漲到五倍以上。

這段時期我不覺得自己會賠錢，因此以現金與股票為擔保，抵押給證券公司，向證券公司融資買進、融券賣出，透過槓桿進行「信用交易」，乘著這股小型IT泡沫化的浪潮，進行高風險的投資。

於是我的股票評估價值，在二〇〇五年底竟然創下兩億三千五百萬的紀錄。谷底上班族回歸股票市場才過了約一年，就從資本一千萬搖身一變成為「資產有兩個億的人」。

我想這完全不是靠自己的才華，憑的只是好運搭上小型IT泡沫化順風車。

遭逢活力門事件波及 瞬間墜入地獄

我以資產一億為目標重新開始投資股票後，一千萬在一年左右變成超過兩億，真是太棒了！但我之所以沒有在這個階段就獲利了結，是因為我不知天高地厚，悄悄地將目標重新設定為「資產五億圓」。

為什麼是五億呢？其實並沒有什麼特別的原因。我沒有任何根據，也沒有任何打算，只是懷著「如果照這樣下去，一口氣將資產增加到五億，就不再投資股票，也辭掉工作吧！」這種模糊的願景。

雖然我剛出社會時，覺得能夠憑著終身僱用制度長久工作下去的公司比較好，但當了單親爸爸，對上班生活逐漸疲乏之後，開始懷抱著提早退休的憧憬。

或許我心裡某處有著些微的期待，覺得這場小型IT泡沫還會持續一陣子。

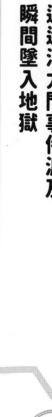

我因為提早達到資產兩億的目標而心情雀躍，覺得這麼一來，我與兒子的兩口之家未來也將一片光明，但這樣的幸福只持續了不到一個月。

二〇〇六年一月十七日，發生了活力門事件。

東京地檢特搜部在前一天一月十六日，因散布謠言等違反證券交易法的嫌疑，前往搜索活力門總部與崛江貴文社長住所。崛江貴文在不久之後遭到逮捕，二〇一一年遭到最高法院判處兩年六個月徒刑定讞，並收監執行。

隔天十七日，與活力門相關的七支股票湧入賣單，相關股票上市的東證高成長新興股票市場的股價，一口氣下跌近十二％。

但日經平均指數TOPIX（東證股價指數）並沒有因此大幅下跌，上午收盤時指數甚至回升翻紅。

市場在大型網路券商摩乃科斯證券（Monex Group）採取了難以置信的行為後，才開始劇烈震盪。

摩乃科斯證券在下午交易時，突然無預警宣告活力門相關股票的信用擔保能力「抵押價值為零」。抵押價值指的是在信用交易的情況下，將現金設為一百時的股票擔保價值比例。

當抵押價值變成零，就表示以活力門相關股票進行信用交易的投資者，只能選擇追加保證金，或是將其他股票賣出以換取資金，這也被視為證券公司將風險全部推給投資人的愚蠢行為。

由於摩乃科斯是大型券商，市場推測其他證券公司或許也會跟進，賣單於是湧入。隔天十八日，來自恐慌散戶的大量賣單也進來，恐將超出東證買賣系統的處理能力，因此採取全面停止股票交易的措施，衝擊波及整個股票市場。

東證在二〇〇五年、二〇〇六年與二〇二〇年都曾因系統故障而採取全面停止股票交易的措施，但這二十年來，除了系統故障以外，全面停止股票交易的就只有活力門事件，其背後的真相就是**「摩乃科斯衝擊」**。

有些人因為不清楚狀況，誤以為活力門事件是崛江貴文的責任，事實上摩乃科斯衝擊才是造成崩盤的真正原因。

股票價值在短短幾天內蒸發

活力門事件剛發生時，我看到日經平均指數與東證股價指數都恢復水準，於是放下心上的大石頭，在午餐時悠哉吃著中華料理。

但就在我飽餐一頓，結束午休繼續上班後不久，市場就因為摩乃科斯衝擊而陷入嚴重混亂。

我的投資風格是手邊幾乎不留現金，全部投入股票市場，再加上當時也操作槓桿進行信用交易，因此這時的暴跌讓我嚇得臉色發青。

我在十八日急忙想將股票脫手，但由於東證系統全面停止交易，想下單也辦不到。上班時根本無心工作，關在廁所裡緊盯著手機螢幕，從網路上得知的資訊悲慘到讓我暈眩。這是自二〇〇一年美國發生九一一事件以來最嚴重的衝擊。

我想透過網路登入帳戶，但或許因為塞車，一直連不上去。好不容易登入，每確認一次股價，都會眼睜睜地看著資產下滑，面對這樣的現實讓我暈得幾乎想吐。

我手上的股票，全部都是市值低的「小型股」。市值指的是「目前股價×發行股數」，換句話說，就是多少錢能把這家公司整個買下來。

市值低的小型股，在市場發生恐慌，股價全面下跌時，幾乎所有投資人的賣壓都會湧入，但因為找不到買家，股票也無法止跌。這樣的狀態持續了三天。

或許因為血氣湧上導致我無法正常判斷吧？投資者的不良心態作祟，我試圖扳回一城，在以為「現在絕對是谷底」的時候拚命地買，結果就像徒手去抓落下的刀，反而一次次地被割傷。

活力門這支股票就像小型IT泡沫的象徵，而我從中再次學到教訓，當這個象徵被賣掉時，不管做什麼都只是徒勞。

我那曾經一度遠超過兩億的股票資產，在摩乃科斯衝擊後的幾天內一口氣蒸發，我又一次跌落谷底。

名字登錄在《會社四季報》的大股東欄位上

我無法接受從天堂倒栽蔥掉進地獄的事實，有好一陣子連自己的證券戶頭都不願意登入。

就在只剩絕望的情況下，我突然想起一件事。那就是我剛出社會，開始投資股票時所懷抱的野心——讓自己的名字登上《會社四季報》的股東欄位。人一旦有了夢想與目標，即使在絕望的狀況下也能往前邁進。

雖然我大部分的資產都蒸發了，但股票評估價值還有大約八千萬。

我才剛拿著一千萬的本金開始投資，能夠成長到八倍已經很厲害了。我將腦筋轉到實現過去的野心，決定再度面對股票市場。

這時我再次看上A公司，開始買進這支股票。

A公司的市值約為五十億圓，如果是這種程度的小型股，只要以八千萬買進，想要排進前十大股東，登上股東欄位也有充分的可能性。

這時我將目標放在如何以持股數排進前十名，於是根據A公司的股價漲跌，在下跌時逐漸分批買進。結果我的方法奏效了。

大約在活力門事件（摩乃科斯衝擊）的一年後，我實現了二十三歲時在心中描繪的野心，我的名字登上二〇〇六年《會社四季報》的A公司股東欄位。

集中和超長期持有的「放牛吃草型投資」

我達成名字登上《會社四季報》股東欄位的野心之後，大幅改變了自己投資股票的手法，改成買入之後就超長期持有的「買進持有戰略」，也就是「放牛吃草型投資」。

我經歷了美國九一一事件後暴跌、被活力門事件（摩乃科斯衝擊）造成的股價大幅度震盪而耍得團團轉，最後領悟出「放牛吃草型」這個投資手法。就算不知道會不會發生幾年一遇的崩盤，但每年依然會經歷好幾次盤整。股價原本就是每天上上下下，如果每次漲跌都患得患失，根本撐不下去。

我是上班族投資人，如果因此而無心工作，甚至可能威脅到我原本穩定的狀態。上班族投資人，就是因為有能夠領到固定薪水的穩定生活，才能在這樣的基礎上投資股票。所以，要是在累積到充分資產之前，就因為一些狀況被公司開除，就得不償失了。

名字登上股東欄位，讓我完全將身為投資人的意識，從「單純購買股票」，轉移到「買下A公司」。

即使只買一百股也是股東，擁有這家公司的一部分。如果成為登上股東欄位的大股東，「買下公司」的感受將會變得更真實。

如果能將思維從「買下股票」轉換成「買下公司」，就不會再擔心股價波動。正因為如此，我才會領悟出「放牛吃草型投資」這樣的風格。

只不過切換了思考模式，就連投資風格也能切換。

不再因股價波動而患得患失後，就不需要每次一發生什麼在意的事件，就得在上班時間衝去廁所隔間登入證券帳戶，而能夠心平氣和地專注於眼前的工作。現在回想起來，我仍覺得轉換成「放牛吃草型投資」後的上班生涯更加充實。

將演化論整理成體系的查爾斯・達爾文，留下這樣的名言「最強的物種不一定能生存下來，最聰明的物種也不一定能延續生命。唯有能夠適應變化的物種，才能生存下去」。我想這句名言也能應用在股市投資。

我的投資生涯，也根據狀況經歷了三階段的變化。

第一階段：透過徹底節約存下一千萬的本金

第二階段：背負風險運用信用交易的「高風險投資」

第三階段：集中和超長期持有的「放牛吃草型投資」

我在陷入單親爸爸、總財產九十萬、沒有加班費的狀況時，致力存下一千萬的股票投資本金。

透過徹底節約存下一千萬本金後，就運用信用交易，在可承受風險的情況下，藉由風險稍高的信用交易累積大筆資產。

最後，我領悟出「放牛吃草型投資」。

投資型態必須像這樣，根據生命階段與資金量臨機應變，這是唯一能夠透過股票投資生存下來的方法。

放牛吃草也能有良好的投資績效

就結果來看，投資績效良好也是「放牛吃草型投資」的優點。

投資管理公司富達投資，調查了二〇〇三年起十年來的顧客投資績效，結果發現績效最好的是「已經過世的人」，其次是「忘記自己有這筆投資的人」。

這些人執行的正是「放牛吃草型投資」。

股票投資最重要的是持續，不要退場，長遠來看就能獲得行情上漲的好處。

然而，如果被手上股票的股價波動奪去注意力而影響判斷，就會在短期內反覆無謂的買賣。如果投資績效因此而正成長還無所謂，但多數都會變成負成長。甚至可能因此而蒙受沉痛損失，覺得「我已經受夠股票了」而主動退出市場。實際上，許多散戶投資者多半都認賠退出。

「放牛吃草型投資」不是要你忘記自己正在投資股票，而是要意識到你擁有哪些股票的同時，持續超長期持有，光這麼做就能提高獲得良好績效的可能性。

撐過雷曼金融風暴與三一一地震，資產再度達到兩億

二〇〇八年發生雷曼兄弟控股公司破產引發的金融海嘯，是「放牛吃草型投資」遇到的最初試煉。日經平均指數在這段時期，曾一度跌到六千點。

金融海嘯發生時，不要說手上的股票了，甚至連原本買來當保險的指數型基金、退休儲蓄計畫（401k）都暴跌到近半價。

結果我腦筋轉不過來，將基金全部拋售，然而當天就是基金的最低價，後來逐漸回升。從此以後，我就非常討厭基金這項商品。

同時，我也深刻發現，不斷重蹈覆轍的自己仍不夠成熟。我下定決心，這次絕對要將**「想要拋售的時候，就是該買進的時候」**銘記於心，再也不要被市場耍弄。

然而，下一次的試煉隨之而來。二〇一一年三月十一日星期五，發生了三一一大地震。

地震發生的時間是接近收盤的兩點四十六分。對股票市場的影響，從下個星期一的十四日開始。

十四日投資人的賣單湧入，收盤價跌破一萬圓大關。

十五日，大海嘯直擊福島第一核電廠，因事故導致輻射量上升的消息傳來，日經平均指數創下大跌超過一千點的紀錄。

「放牛吃草型投資」持有的股票也跌破半價。我不想面對打擊，因此也有好一段時間沒登入證券戶頭。

其中，股東欄位中刊登我名字的A公司股價，也跌破平均買價的三分之一。這時身為大股東之一，為了支持，仍含淚買進A公司的股票。

結果當天是A公司股價的谷底。後來股價逐漸回升。我終於活用了在金融海嘯時得到的教訓**「想要拋售的時候，就是該買進的時候」**。

無論是金融海嘯，還是三一一大地震，我的心裡都非常恐慌。但是，我依然沒有放棄「放牛吃草型投資」，這也對我建立今天的資產帶來貢獻。

我最後在二〇一八年解除了「放牛吃草型投資」，占據資產大半的A公司股價達到預期水準，於是趁機在那時全部賣出，獲利了結。

這麼一來，我的資產就突破兩億圓。這是我在人生中第二次成為「資產有兩個億的人」。考慮到接下來的人生，我發現沒有存到五億也無所謂，因此我從這

時開始認真思考提早退休。

結果，我在第二次成為「資產有兩個億的人」之前，持續了「放牛吃草型投資」長達十二年。這段期間，我沒有做什麼特別值得一提的事情，只是假裝沒看到每天上上下下的股價波動，一個勁地忍耐不關注因金融海嘯與三一一大地震的暴跌引發帳面損失。我想就是因為這樣，我才能成為「資產有兩個億的人」。

「投資」固然重要，但「持續投資」更加重要。

只要賺的時候大賺，「兩勝八敗」也無所謂

回顧我從出社會第一年開始的投資生涯，大幅增加資產的機會只有兩次。分別是投資才望子與A公司，除此之外一直都是賺賺賠賠。就像我在前面拉下面子介紹的經歷，我甚至還經歷過更誇張的失敗。即使如此，我的資產依然超過了兩

億，這都多虧了不因股價變化而患得患失的「放牛吃草型投資」。

股票只要能在谷底買進，高點賣出，就能因大幅上漲而獲得利益。話雖如此，最低點與最高點的時機，實際上只有天知道。就現實來看，「只要賺的時候大賺，賠的時候就賠也無所謂」。

在股票投資的世界中，有句話是這樣說的**「漲的股票會一直漲，跌的股票會一直跌」**。當然，無論漲勢，還是跌勢，都終有一天會結束，但投資人的心理也有影響，這樣的趨勢都會持續一段時間。

這句話在很多時候都不可思議的說中了。

如果一百萬買的股票，漲到一百一十萬，在未實現利益發生時獲利了結才是上策，會這麼想是人之常情。漲到一百二十萬時，多數投資人都會忍不住了吧？

但就是這種股票，若能耐住性子繼續持有，就有機會漲到兩百萬、三百萬，甚至可能成為超過一千萬的「十倍股」。

如果想要累積億萬單位的資產，至少不能在漲個十～二十％就獲利了結。

考慮到賠的狀況比較多，若因為少許的未實現利益就獲利了結，兩相抵消之下恐怕不會賺錢。即使有賺，也賺不了多少。

買股票就是買這家公司。你買了自己住的房子之後，也不會每天在意房價波動吧？投資股票也是同樣的道理，最好不要每天在意股價，採取「放牛吃草型投資」，減少短期買賣。

我即使經歷了多次失敗與暴跌，依然從谷底上班族變成了「資產有兩個億的人」，這就是我從股票投資中得到的教訓，也是身為一名父親，想要傳承給兒子的教訓。

兒子啊，希望你將這點銘記於心。

STEP 4

邁向資產兩億的「放牛吃草型投資」

四個簡單的選股觀念

從本金九十萬東山再起的資產，經歷了彷彿雲霄飛車般的軌跡，十六年後突破兩億。

支撐我累積這筆資產的，就是不因股價起落而患得患失的買進持有戰術「放牛吃草型投資」。這是以公司老闆的態度，超長期持有的投資類型。

話雖如此，也不是任何股票，只要超長期持有，都能期待上漲。那麼，該如何找到適合「放牛吃草型投資」的股票呢？

選擇股票的標準，有四個極為簡單的觀點。

【DokGen流】「放牛吃草型投資」的四個選股標準

①熟悉的公司

②應該不會倒的公司

③相對便宜的公司

④小公司

接下來將依序為大家說明。

【DokGen流】放牛吃草型投資——①熟悉的公司

有些散戶投資人會熟讀《會社四季報》的每一個角落，仔細分析財務內容與股價走勢圖再選擇投資標的。

但《會社四季報》刊登了近四千家的上市企業，上班族投資人應該沒有寬裕的時間與體力，從中鎖定標的，至少我自己在選擇投資對象時沒有那麼迂迴。

重點是將注意力擺在自己熟知的類股（產業、業界），且公司販賣的是自己實際用過的，或看過的產品與服務。

投資自己能夠充分理解其商業模式，且能夠產生共鳴的公司相當重要。你會把錢借給不太認識的人嗎？應該不會吧。同樣的道理，避免投資不熟悉的股票，我想再平常不過。

雖然隨便投資一支股票，也是有可能因為運氣好而上漲，但這樣的經驗無法複製。

就像前面提過的，我一開始也盲目買了投資雜誌推薦的股票，偶然賺到了錢，但下次就嚴重失敗。我完全不經思考就投資了搞不清楚在做什麼的廠商，結果賠了好大一筆錢。

也有一些意見認為，日股的成長性低，再加上經濟規模將因少子高齡化與人口減少而縮小，應該投資成長性較高的美股。確實也有散戶投資人因此建立了大筆財富。

後續我將會提到，我自己也在美國工作了大約一年，即便如此，我還是不會投資美股。

除了GAFAM（Google、Amazon、Facebook、Apple、Microsoft）大家耳熟能詳的美國企業之外，美國還有許多跨國際的全球性產品與服務，是使用者非常熟悉的，但我個人仍然認為投資美股的門檻很高。

儘管現在已是透過網路就能瞬間掌握全球資訊的時代，但美股還是對精通英語、能使用英語取得第一手資訊的投資人較為有利。光這一點，就對母語非英語國家的投資人十分不利。

像我這樣的日本上班族投資人，有機會透過工作深入了解日本企業，所以不需要特地把觸角伸向美股，以日股為標的就已經足夠。

生活在日本，也有不少機會藉由光顧便利商店、大賣場、百元商店等，發現有趣的新商品與服務。投資的線索有時就藏在這裡面。

雖然買進美股也是一個選項，但至少投資美股不會構成不買日股的理由。

如果還有什麼要補充的，那就是**最好投資自己喜歡的公司**。

我也聽人說過「股票投資就是選美投票，應該投資大家喜歡的公司，而不是自己喜歡的公司」。因為買這家公司股票的人越多，股價越容易上漲。

如果只有自己買而大家都不買，股價就不會漲。然而，擁有自己沒什麼好感的公司，絕非一件爽快的事情。

「買股票＝成為這家公司的擁有者」。短期買賣就算了，但「放牛吃草型投資」將會長期與這家公司打交道。這段期間持續擁有沒什麼好感的企業的股票，不符合自己的作風。

我說這句話像是在耍帥，但其實我自己也曾有過投資沒什麼好感的公司，最後失敗的經驗，那是十七年前投資的某軟體公司，我姑且稱它為W公司。

W公司在某個特定領域擁有高市占率，並建立起每年都有維護費確實進帳的商業模式。用現在的話來說，就是訂閱制服務。

我身在IT部門，熟知W公司的業務內容，看上其將來的發展性而決定投資這家公司。

那麼，我為什麼無法喜歡W公司呢？因為這家公司的員工，全都是東京大學等所謂「一流大學」畢業的高學歷分子。

雖然W公司似乎以員工都是高學歷為豪，但三流大學畢業的自己卻不喜歡，我知道這只是單純的偏見。

一般而言，一流大學畢業的優秀人才匯聚的新創企業，將來的發展性高，股價也值得期待。但W公司的經營高層卻突然發表了MBO（管理者收購）。換句話說，就是由經營高層將自己的公司買下來。

雖然表面上的理由是「靈活的經營判斷」，但W公司的股價在公布MBO之前，就出現不穩定的波動。

接著從某段時期開始，突然連續發表暗示業績不振的投資人關係資訊，股價也連帶開始下滑。我從之前就覺得很可疑，股價下滑怎麼看都像是經營階層所引導的。

這時突然宣布MBO。不出所料，感覺就像是經營階層為了低價買進自家公司股票，而刻意讓不利的投資人關係資訊流入市場，引導股價下跌。

結果許多散戶投資人都蒙受損失。我自己也賠了不少。這樣的行為近似於濫用股票市場的詐欺，身為小小的投資人，現在依然無法原諒他們。

W公司的經營階層雖然在幾年後厚著臉皮策畫重新上市，但東證這次當然不會批准。最後被基金買下，陷入解散的境地，本應優秀的員工也作鳥獸散，實質上相當於倒閉。

這就是投資看似前景大好、卻沒什麼好感的公司所面臨的下場。

【DokGen流】放牛吃草型投資——②
應該不會倒的公司

選股的第二個標準是，選擇倒閉可能性低的公司。股價即使下跌，還是有其

價值，但如果倒閉，股票就會變壁紙。

想要判斷有沒有倒閉的可能，確認財務穩健度絕對比觀察股價與利潤的變動更準確。

為此至少必須掌握以下三個項目。

- **自有資本率**
- **保留盈餘**
- **現金及約當現金**

這些都能透過「有價證券報告書」「財務摘要」「現金流量表」與《會社四季報》等確認。

「放牛吃草型投資」雖然不需要困難的研究，但建議至少要能憑直覺理解接下來出現的名詞與數字。我一有機會就告訴了兒子這件事。接下來就依序說明。

自有資本率是「自有資本」除以「總資本」計算出來的數值，單位是％，以下列公式算出。

自有資本率（％）＝自有資本÷總資本×一〇〇

自有資本主要由股東出資，也可說是「沒有還款義務的資金」；總資本則是「自有資本＋他人資本」。他人資本是來自銀行等機構的貸款（負債），也就是「有還款義務的資金」。

簡單來說，**自有資本率越高，經營就越健全**。雖然適當的自有資本率因類股而異，但一般而言，只要超過五十％，就可視為在一定程度上擁有穩固的財務基礎。

接下來的保留盈餘，指的則是從企業賺取的利潤中，扣除股息等所剩下的盈餘。這是保留在企業內部累積起來的收益，因此也被稱為「內部保留」。與歐美企業相比，日本企業有內部保留較多的傾向。

保留盈餘越高的公司，獲利能力也越好，如果這樣的傾向日後也持續下去，即可視為擁有穩固的財務基礎。

最後是「現金及約當現金」，簡單說就是顯示公司有多少「現金」的指標。在股票市場中還是握有現金的公司較強勢。即使遭遇疫情這樣的危機，如果有豐沛的現金當靠山就足以對抗。

現金與約當現金能夠透過「現金流量表」確認。現金流量表顯示出透過「經營」「投資」「財務」的活動能夠獲得多少現金。

而現金除了實際現金之外還有存款。包含現金的存款有三種，分別是「支票存款」「活期存款」與「通知存款」。前兩種存款能夠隨時提領，通知存款則必須在提領的兩天前通知。

至於約當現金，則是流動性高、容易變現的資產。譬如「三個月內的定存」

「公債或公司債的基金」「商業票據」（CP）與「可轉讓存單」（CD）等。

商業票據是企業以短期資金調度為目的發行的無擔保本票；可轉讓存單則是可轉讓給他人的定存。

最強的是定期有現金進帳的商業模式的公司。

因為若支付期限長、從客戶收款的時間拖得久，款項將有可能因為一些理由而停止支付，或是理應能夠回收現金的客戶破產等而收不到款項，最壞的狀況甚至可能遭遇連續倒閉，必須先做好心理準備。

【DokGen流】放牛吃草型投資——③ 相對便宜的公司

若股價高到不合理，即使滿足①與②，也稱不上有投資的價值。因為如果買在高點，股價上漲的空間就有限。

投資人熟悉的「PBR（股價淨值比）」與「PER（本益比）」，是顯示股票是否有投資價值的指標。PBR與PER都低的股票，最適合「放牛吃草型投資」。

PBR顯示的是股價相對於公司的「淨值」是偏高還偏低。只要是上市公司，在網路上用「公司名稱」與「PBR」搜尋，都能立刻查出數值。

PBR高可視為股價相對於淨值較高，PBR低則代表股價相對較低。若PBR為一．〇倍，表示淨值與市值相等。若PBR未滿一．〇倍，表示淨值超過市值，換言之就是相較於原本的價值，股價被低估了。

但也有一些PBR未滿一．〇倍的個股，背負著業績惡化與不良庫存等負面因素，因此投資時必須交叉確認其他指數。

二〇二〇年疫情爆發時，就連豐田汽車（東證一部．7203）與日本電信電話（東證一部．9432）等有力個股的PBR都跌到未滿一．〇倍。

PER則顯示股價相對於公司「收益」偏高還偏低。如果是上市公司，同樣只要搜尋「公司名稱」與「PER」就能立刻查到數值。

PER高可判斷為獲利相對於股價較高，低則相對於股價較低，在選擇「放牛吃草型投資」的標的時，**請在同個類股內尋找股價相對較低、PBR一倍以下、PBR十倍前後，尚未受到關注的個股。**

【DokGen流】放牛吃草型投資——④ 小公司

市值由「目前的股價×發行股數」計算出來，也可說是「公司的價格」。

東京證券交易所根據市值大小與流動性，將東證一部的個股進行排名，前一百名歸類為「大型股」，其次的四百名則為「中型股」，其他就都是「小型股」。

我花十年、二十年的歲月，以成長中的個股為標的，投資未來可能會成長五倍、十倍的股票。事實上，讓我成為「資產有兩個億的人」的A公司，十二年來就從最低價成長到十倍以上。

因此應該以市值相對較低的「小型股」為標的。雖然小型股較不受市場關注，股價長期遭到低估，但也容易找到成長性值得期待的個股。

小型股的報酬率相對超過大型股的現象稱為「小型股效應」，這是就理論來看，完全無法說明的市場經驗法則。

因此我的主要投資標的不是關注度高的東證一部，而是東證二部與東證JASDAQ（Stander、Growth，新興企業取向的店頭交易市場）的個股。實際上我在邁向「億萬富翁」的過程中，完全沒有把東證一部的個股放在眼裡。

大型股一般無法期待高成長性。雖然不太需要擔心大幅度的損失，但大幅獲利的可能性也低。

日本市值排行榜中，超過十兆的公司只有豐田汽車、軟銀集團、索尼、基恩斯、日本電信電話這五家（二〇二一年三月二十四日資訊），全部都是東證一部的上市企業。

市值像這些知名企業般，已經十二分大的超大型股，股價首先就不可能在未來成長十倍。

排名第一的豐田汽車，當下市值超過二十六兆。假設已發行的股數沒有改變，股價成長到十倍，就代表市值達到兩百六十兆。

據說全球汽車產業的市場規模約四百兆，由此可知，即使是世界規模的豐田汽車，市值也很難超過兩百六十兆。

就這點來看，小型股就是潛藏著高度未來性的璞玉。當然，有機會大賺的另一面，也有著大賠的風險。雖然必須看清楚風險有哪些，但靠著長期持有達到股價十倍也不是癡人說夢。

市值一百億的小型股，股價達到十倍時市值也不過一千億。一千億減掉一百億，剩下九百億，只要創造出能夠產生九百億的事業即可，並非不可能。

日本IT產業的市場規模約十八兆，而且正持續擴大，從中誕生九百億的新價值，不是那麼困難的事情。

「配息率」太高或太低都不行

我自從資產超過兩億之後，就為了在不久的將來，能在退休後過著經濟穩定的生活，開始以股息可期的「配息股」為中心持有。

我認為採取血氣方剛的「高風險投資」時，把目標放在配息股是錯誤的投資法。股息終究是持有股票的結果，就像贈品一樣，一開始就把股息當成目標，是錯誤的心態。

但另一方面，我雖然不是為了領股息才長期持有，但持續放了十二年的Ａ公司，每年都會發放大約一百萬的股息。

固定持續發放股息的股票，受到想領股息的投資人歡迎，具有股價不容易下跌的優點。而且持續將股息再拿去投資，就能因為複利效果而成為累積龐大資產的原動力。

舉例來說，持有年配息率四％的股票十八年，這十八年來都持續以複利再度投資，資本就會變成兩倍。如果資本為一千萬，就會翻倍變成兩千萬。

雖然無法保證這十八年配息率都能維持在四％，但由此可知不能小看複利的威力。

因此即使採取「放牛吃草型投資」，也姑且確認一下「配息率」與「現金殖利率」。

配息率顯示的是公司從當期淨利（稅後盈餘）中，拿多少比例出來支付股東的股息。現金殖利率則顯示一年的股息占買進股價的多少比例。同樣地，只要搜尋「公司名稱」與「配息率」「現金殖利率」，就能立刻知道這些數值。

配息率平均三十％左右。能夠領到大筆股息的高配息率股票當然歡迎，但也不能斷定「配息率低就是差勁的股票」。

像小型股這種志在日後成長的股票，與其將淨利作為股息分配出去，不如作為內部保留累積起來，當成未來投資的資本，才是較聰明的判斷。因為這麼做才能壯大事業，擁有在未來創造更多利益的可能性。

美國的超巨大成長企業ＧＡＦＡＭ群，也只有蘋果與微軟發放股息，而且股息少得可憐。

反過來說，配息率過高的企業就像放棄成長，因此也可解釋成沒有繼續成長的餘力。

根據我過去的經驗，配息率三十%左右、現金殖利率二~三%左右的個股，最適合作為「放牛吃草型投資」的標的。

把雞蛋放進同一個籃子裡？

投資股票有許多格言。

其中最有名的是**「不要把雞蛋放進同一個籃子裡」**。這句格言是建議投資人不要集中投資一檔股票，而是要分散投資多檔個股以降低風險。

我完全無意否定先人的智慧，但**我覺得在某些投資階段，有必要採取「把雞蛋放進同一個籃子裡」的集中投資。至少我自己就靠著這種方式增加資產。**

尤其如果投資資金只有數十萬圓，就不應該持有多檔個股。

不過，自從資產突破一億之後，我就沒再採取類似「把雞蛋放進同一個籃子裡」的策略了。因為如果遭遇重大失敗，資產恐怕將再度退回九十萬的谷底。

然而在邁向「億萬富翁」的「放牛吃草型投資」的過程中，在容許風險的情況下，也不可缺少某種程度的集中投資。

假設將節約存下的一千萬資本，約略平均分散投資三檔股票，每檔約投資三百萬。

不管再怎麼精挑細選，也不可能三檔股票全部飆漲十倍吧？即使選到的股票成為「十倍股」的機率是十分之一，三檔都成為十倍股的機率也只有十×十×十＝千分之一。

就算三檔股票中的一檔在十年後成為十倍股，三百萬×十倍＝三千萬已經是最好的結果，但是續抱十年以上才漲到三千萬，對於實現億萬富翁的目標還是差太遠了。

而且如果想要分散投資三檔個股，分析與評估每檔個股的時間與勞力也會分散。這可能會招致意想不到的判斷失誤，甚至有落入「價值陷阱」的風險，最後三檔股票都沒什麼表現，仍繼續維持著被低估的股價。

上班族投資人原本就忙於工作。分散投資十檔以上的股票，風險更高。

如果憑著自己的判斷相信這家公司不會倒，就以「把雞蛋放進同一個籃子裡」的心情，下定決心專注投資一檔股票，如此一來就能把時間與勞力都花在這檔股票上，仔細地進行分析與評估。

把一千萬投資在以這種方式選出的個股上，如果十年後成為十倍股，那麼一千萬×十倍＝一億。當然這只是單純的計算，但只要這麼做，就能成為「億萬富翁」。

稍微離題一下，我最近迷上了健身。

「No pain, no gain」是健身世界的通行證。意思是如果不忍受讓你感到疼痛的辛苦訓練，得到的成果就有限。**如果想要達到什麼成就，就必須為此忍耐**。

我覺得這個真理也能套用在股票投資。集中投資一檔股票，確實無法排除到頭來一場空的風險。但是**沒有風險就沒有回報**。「高風險，高報酬」雖然麻煩，但**「放牛吃草型投資」的目標卻是「中風險，高報酬」**。

描繪好劇本就買進，偏離劇本就毫不猶豫賣掉

據說機構投資者會將財務摘要之類的定量數據丟給AI（人工智慧）瞬間解析，並根據解析出來的結果投資。但經營高層的訪談、股東會的簡報、質疑問答等定性資料，即使AI也無法完全解析吧？

定性資料終究只有人類能夠解釋。就這點來看，散戶投資者也有勝過機構投

資者的餘地。

除此之外，更重要的是能不能憑著自己的思考建立一套劇本。

這裡所說的劇本，指的是類似投資的個股如何上漲的腳本。

舉例來說，疫情使市中心辦公室的需求量縮小，不動產開發商的業績與股價低迷，但另一方面，因為居家辦公逐漸普及，製造遠端工作所需軟硬體的公司，業績與股價卻逐漸上漲。

如果你描繪出一套即使疫苗與抗體研發成功，新冠病毒逐漸流感化，遠端工作的潮流應該也不會改變的劇本，那麼就可以考慮投資遠端工作相關類股中，財務基礎穩固的價值股。

最好不要在想不出劇本的情況下，只仰賴定量數據的數字投資。因為在股價大幅變動時，就無法判斷該加碼還是該脫手。

如果在自己腦中建立一套劇本並進行投資，當狀況偏離劇本時，就應該毫不猶豫地賣掉。即使是採取「放牛吃草型投資」的股票，也不需要在劇本完全走樣時繼續頑固地持有。

就算是我兒子來問我「該買哪支股票？」我也只會丟給他一句「你自己想想看」。

那麼，該如何建立一套劇本，並將這套劇本應用在股票投資上呢？

我一直以來實踐的方法是，在腦中模擬**「如果我在公司成為這項事業的負責人，會建立並推動什麼樣的商業模式呢？」**

如果仔細觀察，公司就像聚集了異業專家的組織，各個部門從事的工作完全不同。上班族投資人的其中一項特權，就是有機會透過人事異動體驗不同的業務，既是專家也能成為通才，因此能夠確實提高建構劇本的能力。

如果考慮投資遠端工作相關類股，就想像自己被任命為公司的遠端工作負責人。

若是真正的工作，應該會拚命思考該怎麼為公司帶來利益吧？因此必須以同等的認真度，試著建立一套這支股票的公司未來將會如何發展事業的劇本。

舉例來說，我買進才望子的股票時，NTT DOCOMO 才剛在一九九九年推出全球最早的手機網路服務「i-mode」。

訂閱制與雲端服務現在正受到關注，而我當時描繪的劇本就是如果能透過i-mode使用協作軟體，才望子的使用者應該會增加二十％左右。

我想這樣的模擬能夠實現，就是上班族投資人的其中一項優勢。

隨著年齡提高現金比重

回顧自己的人生，我發現有多少資產以現金形式留在手邊的現金比重，不可思議地與年齡同步。

二十幾歲時是二十％、三十幾歲時是三十％、四十幾歲時是四十％，五十幾歲時是五十％，最好像這樣隨著年齡增長，逐漸提高現金比重。

二十到三十多歲時通常薪水還很低，剩餘資金沒有那麼多。但如果資金已經不多了，還對投資股票畏畏縮縮，覺得「因為沒有安全感，想要留下一半的現金」，將難以建立龐大資產。

像兒子這種二十到三十多歲的年輕人，即使失敗了也很容易東山再起。就像我在前面公開自己丟人現眼的事，我在年輕時也曾經歷一次又一次的失敗，但我很快就重生了。

上班族投資人每個月都能領到固定薪水。即使失敗，也能以這樣的經驗為養分，重新來過就好了。尤其如果單身，能夠自由運用的錢應該也多，嘗試年輕才能豁出去進行的挑戰也不壞。

到了中堅年齡層的四十到五十多歲，薪水也逐漸增加。但就像我曾因活力門事件（摩乃科斯衝擊）而遭遇失敗，投資總是伴隨風險，這些風險即使投資專家也幾乎無法預期。孩子的教育資金與生活費等，需要花錢的情況也變多。若以年輕時相同的衝勁投資，風險就太高。

現在五十多歲的我，現金比重剛好五十%左右。

就像適合的服裝與飲食偏好會根據年齡改變，投資風格也會隨著年齡變通，現金比重也是其中之一。到了建立一定程度的資產，逐漸邁入退休的階段，我也覺得未必要冒險，買進與日經平均指數或TOPIX指數等連動的指數型投資商品，小心謹慎的投資也是一個辦法。

不要受帶風向的消息干擾

有時也能在網路上的「Yahoo! 財經」討論版與「推特」等撿到意想不到的投資提示。

尤其知名投資家的「推特」與「部落格」是珍貴的資訊來源。不少時候，比起安坐於自家沙發上熟讀有價證券報告書或《會社四季報》，不如滑著手機搜尋推特與部落格，更能獲得新鮮的發現。

就如同「互利互惠」這句成語，主動發表資訊，有時也能獲得耐人尋味的消息。有人會透過部落格的留言對我買進的股票發表意見，而透過網路也能認識其他的投資夥伴，我有時也會參考他們的資訊。我手上的股票，並非全部都由自己從零開始調查。

另一方面，也有很多人隨著網路上光憑感覺做判斷的資訊起舞。

舉例來說，持有的股票上漲，就會開始在意一般大眾的評價，想知道這支股票在討論版與推特上的風評。這種時候，特別容易出現一些放消息的人，明明不是預言家，卻發表「很快就會暴跌，最好趁現在賣掉」的留言，或是大吹「我來放空個幾億」等真假不明的牛皮。

如果先放空，接著在股價如預期般下跌的階段買回，就能獲取莫大利益，但即使理性上知道這些都是胡說八道，心裡依然會不舒服。就連投資經驗如此豐富的我，至今看到都還會心情鬱悶，覺得「真討厭」，因此應該也有不少散戶投資人受到影響吧？

這些都會成為莫大壓力，最後甚至可能讓你疑神疑鬼，開始相信「說不定接下來會釋放不利的消息」。

製造恐慌的資訊多數只是在帶風向。反過來說，散布有利於自己買進的個股的消息，企圖帶動股價也是在帶另一種風向。

這些帶風向的留言在網路上蔓延，因此我現在都會告訴自己，網路上的留言不要說是一半了，甚至只有一成可信。

如何使用「信用交易」這帖猛藥

讓我資產超過兩億的原動力之一是「信用交易」。

使用信用交易，最多可操作資產預估值三倍的槓桿進行投資。我覺得這就和銀行的信用建立一樣，是生在資本主義國家的人被賦予的禮物。

這個禮物有時能夠開啟通往幸福的門扉，但有時也會違背自己的期望，打開通向不幸的大門。賺的錢可能變成三倍，但另一方面損失也可能膨脹到三倍。

因此很多股票投資相關的書籍，都把信用交易列為不應該出手的投資型態第一名。

的確，如果能在股票市場穩健地增加資產，不去碰信用交易也無所謂。如果買進與日經平均指數或美國的 S&P 500（史坦普 500 指數基金，或稱標普 500 基金）等指數連動的指數型基金，年利率能有四％就滿足，那麼只憑手上資金買進股票的現貨交易較安全而確實。

但如果想在資產規模還很小的階段，大幅增加資產，那麼信用交易就是有效的手段，我自己也用過。信用交易確實會伴隨風險，但我也覺得如果沒有風險，就不可能期待資產超過一億的報酬。

我的信用交易持續到二〇〇六年的活力門事件（摩乃科斯衝擊）為止，而且還是被稱為**「二層樓信用」**（日本特有的證券術語）的交易。所謂的二層樓信用，指的是透過現貨交易持有的股票，也以信用交易買進。因為風險太高了，甚至也有禁止二層樓信用交易的網路證券公司。

多虧了二層樓信用交易，我的一千萬資本曾一度增加到兩億三千五百萬，但在活力門事件（摩乃科斯衝擊）時，二層樓信用適得其反，使資產急遽減到八千萬。從此以後我完全停止信用交易，只進行現貨交易。

因為如果資本多達八千萬，即使不施加槓桿進行信用交易，也足以達成資產突破一億的目標。

如果我一開始就打安全牌，不去碰伴隨風險的信用交易，就不可能讓一千萬的資本，在短時間內增加到（暴跌後剩餘價值）八千萬。

能夠背負多少風險，必須視目的與資產而定，也會因投資家的人生階段而不同。我認為不考慮這些因素，頑固地認為「信用交易絕對ＮＧ」是錯誤的想法。

當然，我也並非不顧一切的推薦信用交易。使用前必須先理解優點與缺點，學習風險管理的方法，再根據投資階段，自己判斷要不要使用。

就如同前面介紹的，我的股票投資有三個階段，分別是①徹底節約，存下一千萬的資本。②背負風險運用信用交易的「高風險投資」。③集中和超長期持有的「放牛吃草型投資」。

在這三個階段中，信用交易只有在第②階段「高風險投資」發揮正向作用。我記得當時信用交易的委託保證金維持率保持在二〇〇％。換句話說，我絕對沒有背負過多的風險。即使如此，當我手上持有的全部股票因活力門事件（摩乃科斯衝擊）而連續三天跌停時，我依然害怕到幾乎想吐。

想要挑戰信用交易，至少先確實理解其使用方式，將風險控制在自己容許的範圍。謹慎看清楚這個部分，將信用交易當成一個選項放在心上也不錯。

兒子啊！人生有時也會遇到即使背負風險，也必須賭上一把的時候。

STEP 5

上班族成功
投資股票的條件

給上班族兒子的「一不三要」財富自由鐵則

三十多年前，我為了能夠不受景氣波動影響工作一輩子，選擇進入食品公司。

兒子似乎也抱持著同樣的想法，進入了電力相關公司工作。儘管行業不同，在三一一大地震時，還發生了福島第一核電廠事故，但從根本上支撐人們生活的基礎建設業，無論現在，還是過去都是不可缺少的存在。

冷靜下來思考，我甚至為兒子竟然能在大學一畢業就找到工作而感到慶幸，因為他連好學生的邊都搆不上。

我因為前妻外遇而突然成為單親爸爸，雖然我覺得自己已經盡心盡力，但母親缺席對兒子的影響還是很大，兒子為了填補寂寞而變壞了。

我與現任妻子在二〇〇七年，我四十一歲時再婚。

五歲就離開親生母親的兒子，與第二任妻子合不來。他們逐漸難以生活在同一個屋簷下，於是我向老家的母親求助，請母親陪兒子住在附近的公寓。

即使這麼做了，兒子因為喪失感而無處發洩的怒火依然沒有平息，甚至還發生過氣昏頭地從居住的公寓五樓，把電風扇丟下樓梯的事件，而且數量竟然多達三台。還好當時樓下沒人，算是不幸中的大幸。

某次我們父子發生激烈爭吵，兒子竟然從廚房拿出菜刀。雖然他終究沒有做出拿刀刺人的行為，卻用盡全力毆打我的身體，造成我的肋骨骨折。

變壞的兒子有點拒絕上學，高中也沒有好好的去學校，而出席日數不足就無法畢業。他本人當時似乎沒有高中畢業後就去念大學，接著找工作的想法，為此我還拜託他「像爸爸一樣讀三流大學也無所謂，但至少要去上大學。」

某天我向公司請假，去高中見兒子的導師。

我在導師面前下跪，直接求他「請讓我兒子畢業！」後來不知道是我的父愛奏效，還是導師大發慈悲，總之兒子順利畢業上了大學。

兒子讀大學之後，離開家鄉獨自生活，接著發生了驚人的轉變。

他在還想向母親撒嬌的年齡，就因大人的問題被迫與母親分開，因此留下了強烈的想要依賴別人、向人撒嬌的情緒吧?!或許是這樣，直到高中為止，他想要依賴卻無法依賴，想要撒嬌也不能撒嬌的矛盾轉化成怒氣，在某方面以暴力的形式展現出來。

兒子開始獨自生活，置身於一切都得靠自己打理的環境後，自然而然的無法再抱持想依賴、想撒嬌的心態，因為這樣的環境變化，改變了他的意識。

兒子在大學畢業時長成了溫和的青年，直到高中為止的荒唐彷彿像一場夢。而我與出社會的兒子之間的關係，也終於發展成如開頭時提到的那樣，偶爾能夠一起小酌閒聊。

關於股票投資，我完全沒有提到現在該買的特定個股，但我一有機會就傳授他投資家的心法。

我總是強調，如果想過著上班族投資人的生活，「一不三要」很重要。

「一不三要」的意思是「不借錢」「要做功課」「要努力工作」「要和有工作的伴侶結婚」。

我站在上班族投資人前輩的立場可以告訴他，只要遵守這四點，人生就有很高的機率能夠順利。

【DokGen流】一不三要鐵則——①
不借錢

如果想要經濟獨立，以散戶投資人的身分累積一筆資產，**一定不能在年輕時就背負債務**。

首要之務是存下一千萬的本金。

尤其是，萬萬不可在年輕時就背負數千萬的房貸。

前幾天我與三十多歲的後輩對飲時，他說「現在結婚了，所以考慮背三十五年的貸款買戶公寓」，我聽了就口不擇言，反射性地用關西腔斥責他：「你頭殼壞去嗎？」

在二十到三十多歲時，背負長期的房貸，相當於放棄建立讓人生更豐富的資產，眼睜睜地拋下累積一千萬資本的努力。要我來說，就像高聲宣布「我不要成為資本家，到死都當個勞動者就夠了」。

近年來的房貸利率維持在史上最低水準，反映了長久以來的超低利率時代。全週期機動利率只有年利率〇・四％的水準（二〇二一年三月數據）。回想泡沫經濟時期的一九九〇年代，房貸利率曾超過八％，〇・四％確實很有魅力。

上班族有信用、能夠申請長期的房貸，這就像是特權。收入不穩定的非正式員工，確實得費一番辛苦才能申請貸款，但如果是正式員工，即使是年輕上班族也不太容易在審查時被刷下來。

若是想以零頭期款、全額貸款的方式，買下一戶兩房兩廳的四千萬新成屋，以利率〇・四％計算，每個月的還款金額大約是十萬（本息平均攤還、無提早還款）。大家往往會認為「每個月付薪資的一成就能買房，說不定比租屋還划算」，但這是三十五年的貸款，如果在三十歲申辦，將背負債務直到六十五歲。雖然努力提前還款，應該也能提早還清，但在還清之前將失去投資的餘力。

買房還需要支付物件價格三～五％的各種費用。如果是四千萬的物件，馬上就噴掉一百二十～兩百萬了。

至於股票，只要持有就能產生股息，如果上漲，賣掉還能獲利。但房子不僅得支付每月的貸款，還需要繳交管理費與修繕用的公設基金。而且隨著屋齡增加，這些費用也經常會在管委會取得共識後提高。

至於稅金方面也一樣，只要持有不動產，就必須每年繳交固定資產稅。但股票如果只是持有則免稅，而不動產在購買時也需要繳稅（不動產取得稅），賣掉時也必須根據賣屋所得繳交相對應的稅金。另一方面，股票只有在售出獲利時，才需要繳交約二十％的稅金（台灣不計證券商交易手續費的話，股票賣出時政府規定酌收〇・三％證交稅）。

房子或許有資產價值，但繳完貸款，屋齡三十五年的物件，還剩下多少資產價值呢？

據說距今約三十年後的二〇五〇年，日本總人口數將減少到一億人左右，而且其中約三十八％，相當於四千萬人將成為六十五歲以上的高齡者。

人口以鄉村為中心減少，空屋問題不久將浮上檯面，屋齡三十五年的房子不保證能成為資產，說不定還會成為無法以理想金額售出，想租也租不出去的「負資產」。

我即使現在成為「資產有兩個億的人」，也繼續住在公司宿舍。

身為上班族，能夠領居住津貼，住在租來的房子裡最好。如果公司提供宿舍，就不要猶豫地住進去，把多出來的錢全部存成資本拿去投資，這是從勞動者變身成資本家最有效的手段。

如果住在大眾運輸工具充實的區域，也不需要為了虛榮買車，因為各種稅金、保險、驗車、停車場、汽油費等，光是保有一輛車就需要相當的金額。有需要的時候，使用共享汽車或租車應該就夠了。

我也好幾次跟兒子說明，不擁有車與房，把這些錢都拿去投資，對於將來的資產累積會產生極大的差距。尤其兒子正值對車感興趣的年紀，我已經明確地叮囑他「不能買車」了。

【DokGen流】不三要鐵則——②
要做功課

接著是做功課。做什麼功課呢？當然是關於股票投資的功課了。我在成為單親爸爸之前，大約有十年以上沒做什麼像樣的功課就投資股票，因此這是我帶有強烈自我警惕意味的建議。

不能把投資股票當成買彩券。購買會不會中獎百分之百全憑運氣的彩券不需要做功課，但投資股票少不了學習。

雖然也可能像我第一次買「龜甲萬」那樣有新手運，沒想太多就買卻幸運上漲獲利，但這種全憑運氣的幸運無法長久持續。

無論是畢業於海外的頂尖大學，還是日本的三流大學，每個人一天都平等的擁有二十四小時。不管是上班族、孫正義還是巴菲特，一天都只有二十四小時。**如何有效率的活用平等被賦予的時間這項資產，在某種意義上決定了你的人生**。

我們浪費在網路影片與手機遊戲等的時間比想像中還要多，將這些因慣性而浪費的時間有效運用在股票投資的研究，是從勞動者邁向投資者的第一步。

但也不是從早到晚，滿腦子都只想著股票投資。

對於股票投資完全陌生的時候，一天或許需要大約一小時的學習，但隨著知識增加，學習所需的時間就逐漸減少。剩下的就只有從實踐中學習了。

我現在會在進公司前先去星巴克喝杯咖啡，透過手機瀏覽《日本經濟新聞》的網站，或是從「推特」閱讀投資相關資訊。

這就和刷牙一樣，一旦養成了習慣，即使不每次都擺出「我要研究股票了！」的架式，也能自然而然地將做功課的習慣融入生活。而且這是直接帶來實際利益的學習，所以很值得投入，而且會從中找到樂趣。

做投資的功課和做學校的功課不同，是能夠實現實際利益的「樂趣」，也容易「養成習慣」。

【DokGen流】一不三要鐵則——③要努力工作（不賣時間）

沉迷於股票投資，閒暇之餘才解決工作，對於上班族投資人而言不是明智之舉。如果明顯疏忽工作，不僅會帶給周圍不良影響，甚至可能被上司發現，列入裁員候補名單。

此外，**認真投入工作對於投資活動也有加分作用！**

公司是許多專家的集合體。有業務專家、行銷專家，也有IT專家。在與這些不同領域專家的交流中，還可能激發全新投資標的的靈感。

我自己在IT部門製作會計系統時，也曾與財務及會計部門的負責人促膝而談，一起度過密集的時光。

我自己就是在那個時候學會怎麼看PL（損益計算表）與BS（資產負債表），理解數字產生的資訊。

現在當上主管後，我想自己本質性的工作之一，就是斟酌業務的必要性，精簡不必要的事情。我的工作不是決定要做什麼，而是判斷什麼不需要做，追求提升業務的效率。

精簡不必要的事情，也能應用到股票投資。

投資股票時，也會遇到需要選擇取捨，減少績效差的股票，換成績效更好的股票的狀況。如果在工作上習慣了精簡不必要的事物，像這樣的選擇取捨也不會猶豫。

再者，努力工作，公司也會提供意想不到的機會。

我在二〇一四年，四十八歲時，被公司外派到美國一年。公司有個併購美國企業的業務收購案，而我被賦予的任務就是整合收購的企業與自己公司的系統。這個數十億規模的系統建構專案，幾乎左右公司的美國事業，而我成為這項專案的負責人，日復一日繃緊神經，幾乎要被龐大的壓力壓垮。

我的公司既不是外資企業也不是貿易商，而是食品製造廠，我作夢也想不到能獲得去海外工作的機會，所以我出社會之後，也未曾進修英文。

我在這樣的狀態下去美國工作，因此英語溝通極為窒礙難行，看不下去的美方負責人甚至開始猛學日語。即使如此，我還是想方設法克服語言障礙，成功完成計畫，順利回到日本。

如果在工作上做出成果，也能像這樣獲得意想不到的機會。移居海外也成為我提早退休後考慮的選項之一，這也是因為儘管只有一年，經歷過海外生活還是帶給我很大的影響。

如同前述，我在離婚成為單親爸爸後，總是準時在傍晚五點半下班，去托兒所接兒子。即使在高聲呼籲勞動方式改革的今天，自動加班的狀況依然不少，反之也有人致力於賺取加班費吧？

但是，為了達成更大的目的，不應該把自己有限的「時間」便宜賣給公司。

當然，如果工作具有為自己帶來成長的價值，專心致志投入是有好處的。我告訴兒子，能夠提供人生知識、經驗與回憶的工作，也是個好東西。

【DokGen流】一不三要鐵則——④
要和有工作的伴侶結婚

「國立社會保障、人口問題研究所」根據二〇一五年的人口普查進行試算，終生未婚率（五十歲時未曾結過婚的人口比例）達到男性二十三％、女性十四％。雖然獨自生活的人口增加，但我依然希望兒子找到出色的伴侶。

所謂出色的伴侶，指的是獨立且能夠投入工作，而不是把結婚當成包三餐外加午睡的「長期飯票」的人。雙薪家庭不僅能壓低生活成本，也能較快存到本金，畢竟飛機也是兩個引擎比一個更安全。

前一陣子，我與前妻及兒子三人一起在居酒屋見面。雖然與前妻離婚時鬧得有點不愉快，但無論兒子長到幾歲，她都還是兒子的親生母親。兒子說想見母親，所以其實離婚後依然會三人定期聚餐。

兒子在吃飯時說：「公司有個同期進公司的同事，他很難約，又一點也不有趣，聽說已經存了好幾百萬。」我心想機會來了，正準備主動提起股票投資的本金時，前妻打斷我的話大放厥詞。

「年輕的時候不能這樣，把錢花在交際上很重要。」

這個回答如我所料。

我知道即使在她面前反駁，也會遭到她的言語攻擊，因此我看準她去廁所的空檔，對兒子說：

「爸爸總是說先存到一千萬，你的同期說不定就把這當成目標。你們在同一間公司，所以你也做得到。我覺得聚餐只要在收入範圍內決定參加的次數即可，譬如每個月兩次之類的。還有一點，最好不要和認為男人請客是理所當然的女人，或是不想為家庭工作的人結婚，因為不會有什麼好事。」

我話才剛說完，前妻已滿臉通紅地從廁所回坐了。

必須趁著還在上班時善用的「信用」

我告誡兒子與部下，不能年紀輕輕就申請房貸，因為如果從年輕時就背負長期的貸款，將減少身為投資人的機會。

但是，如果身為散戶投資人，累積了充分的知識與經驗，已經建立了相當程度的資產，就能使用將超低利率房貸應用到投資上的「密技」。

借錢並非全是壞事。雖然我不建議年輕時就借錢，但如果累積了一定程度的資產，利用上班族特有的「信用」，故意去借錢也是一個方法。卡債或車貸是

「不良的債務」，但能夠創造資產的貸款卻是「良好的債務」。

為了在投資中取勝，將投入的資本最大化也很重要。而平凡上班族在人生中最大的資本就是「房貸」。

只要磨練出投資股票的能力，以超低利率申請長期房貸，運用在股市當中，就能憑著貸款累積大筆資產。

所謂良好債務就是，可以故意借來四千萬的房貸，再將這筆能夠自由使用的四千萬拿去投資股票。

假設以〇．四%的低利率借來房貸，再將借來的四千萬投資在利率四%的指數型基金等金融商品，扣掉稅金之後，還能賺到約二．八六%的差額（利率會變動，這只是概算）。

如果這四千萬能以二．八六%的利率投資，每年就能增加一百一十四萬。將三十五年貸款期間的獲利加起來，總額大約達到四千零四萬，接近貸款的總還款額四千兩百八十七萬圓。

四千萬的資產完全沒有減少，算起來四千萬的房子只要兩百八十萬左右就能買下來。

雖然買不動產需要繳交各種花費與稅金，但房貸也有減稅的好處。只要滿足條件，最多可十三年減免貸款餘額×一%的稅金。而且只要加入團體壽險（團保），即使在還款途中發生什麼萬一，壽險撥下來的理賠金也能將貸款還清。

我再次感覺到，因房貸而苦，還是因房貸而享受人生，差別就在於能不能熟練地投資股票。

追求「FIRE」真的好嗎？

三十~四十歲提早退休的「FIRE」潮流受到矚目。

FIRE是Financial Independence, Retire Early的字首，意思是「達到經濟

獨立，提早退休」。

這是從美國開始普及的詞彙，透過書籍等媒體也滲透到日本，而且也有人已經實現了。

實現FIRE的基本條件是，累積了年度支出二十五倍的資產後，以四%的年利率投資。

根據計算，假設每月支出二十萬，年度支出二百四十萬，就必須建立二百四十萬×二十五倍＝六千萬的資產。其四%是二百四十萬，因此如果能以四%的年利率投資，就能維持目前的生活水準，也不需動用資產，能夠提早退休。

這個四%的數字，是根據與美國S&P 500連動的指數型基金平均利率為七%，再扣除通貨膨脹的三%所求得。

邁入五十歲中旬的我，邊規畫稍微提前退休，邊繼續上班。就我來看，也對於FIRE太早退休這點感到質疑。

如果太早退休，人生剩下的時間也會變得更長。這段期間，將可能發生好幾次像金融海嘯或是新冠疫情這種足以撼動景氣與市場的預期外事件。若手頭只有數千萬圓的資產讓人心裡不踏實，而持續以年利率四％投資的方程式也有瓦解的危機。

數千萬圓的資產，恐怕也不足以實現想做的事情。如果日復一日過著謹慎維持資產的水位，只有「吃喝拉撒睡」的人生，那就太無聊了。

譬如參與海外專案之類的，首先就不可能以個人的身分經歷。這是身為上班族才能擁有的經驗。我想除非達到一定的年齡，依公司法規必須解除主管職之類的幹部職務，從第一線退下，否則即使達到經濟獨立，最好也繼續當個上班族。

肌力訓練對投資股票有加分效用

我現在是兩家健身俱樂部的會員，雖然費用為一年二十五萬，但這是對健康的投資，健康身體是我現在最優先的投資標的。

肌肉量隨著年齡增長而減少，但散步程度的輕量運動，只能達到稍微延緩肌肉量減少的效果。

即使擁有經濟能力，肉體衰退也無法享受人生。為了鍛鍊肌肉、維持健康，不可缺少肌力訓練。

「對健康身體的投資」即使在退休後也會依然持續吧？如果肌肉過度減少，無法靈活行動，剩下的人生能做的事情就會受到限制。為了去想去的地方，做想做的事情，至少得在六十歲之前儲存肌肉。為了「儲肌」，我希望能夠持續上健身房。

我主要都去公司附近的健身房。參加平日早晨與傍晚的課程外，幾乎每次去都會使用VR（虛擬實境）技術的高強度飛輪訓練。

我為了參加健身房的晨間課程，每天早上五點五十五分起床。我的生活節奏也因此變得早睡早起有規律。我也在部門內聲明，傍晚要準時下班去健身。

事先決定好去健身的時間，就能強化有效率完成工作的意識。浪費時間的情況消失，從早到晚的行程不再出現「空白」。

我將這樣的行程，公開在公司的「Outlook」行事曆上，因此也感受到不會在下班時間被叫去開會等好處。

我說得好像很了不起，但開始去健身房不過是五年前的事情。而且是因為發生過以下事件——

其實，就在我二〇一四年赴美參與併購相關的專案時，「狹心症」發作了。當時的體重九十公斤，體脂率二十六%，完全是美國身材。再加上大分量漢堡與披薩等油膩的餐點，以及一直處在片刻無法放鬆的海外計畫所帶來的精神壓力和疲勞下，我終於倒下，在當地住院，接受緊急心臟手術。

在我倒下的前一刻，已經無法好好的走路，根據主治醫師說，當時是「心臟什麼時候停止都不奇怪的狀態」。

為了減輕心臟與血管的負擔，避免疾病復發，醫師嚴格命令我減重，要求我在出院後限制飲食並開始去健身房運動。

自從我開始上健身房之後，不只體重與體脂，血糖、血壓、壞膽固醇、中性脂肪等血液檢查的數值，都幾乎恢復健康。過去各種數值都處於亮紅燈的狀態，連這樣的我都成功地V型反轉了。

接著過了五年，現在的體重為七十四公斤，體脂率為十一・七%。我的身高有一八三公分，因此變成有點精瘦的體型。

我剛開始的目標只是單純地減重，但在持續的訓練當中，逐漸發現改造肉體的樂趣。我已經五十有五了，當然無法像年輕人或健美先生那樣，練出一塊塊的肌肉，但根據「InBody」身體組成分析儀的測量，顯示身體年齡的內臟脂肪，維持在與十幾歲相同的程度。

雖然沒有科學根據，但我覺得訓練也能對工作與投資活動帶來正面影響。實際上，我在美國工作的肥胖時期，想法十分負面，覺得做什麼都不順利。後來在健身房實際感受到身體每天都在改變，也產生了「只要努力我也能做到！」的自信。而我覺得這份自信，也能對投資帶來正面作用。

忍受辛苦負荷的肌力訓練，是與自己的戰鬥。持續這樣的戰鬥，不只身體，

心靈也會變得堅韌。於是，股價稍微下跌也不會再造成心理負擔，即使下跌也能面不改色地續抱。

兒子說「最近開始變胖了」，於是他也在我的建議下開始肌力訓練。我誠心地祈禱，體能鍛練也能在兒子的投資生涯發揮正向作用。

屆齡退休後，將面對現實的資金問題

上班族人生的後半場，會遇到三次轉機。

分別是：**①屆齡卸下主管職、②退休、③回聘結束完全退休**

我現在是擁有十幾名部下的課長，正與即將六十歲，希望退休回聘的課員面談，大部分的課員都希望回聘。

我的公司在六十歲屆齡退休後回聘的制度，有以下兩種模式。其他公司的制度應該也大致類似吧？

如果被認定為優秀員工，即使超過六十歲，也能以相當程度的待遇回聘。雖然薪水在這種狀況下會減少，但實領年收入有六百萬左右，這算是較好的狀況。

至於其他員工的實領年收入，將會減少到兩百萬左右。這樣的收入與在便利商店打工沒什麼兩樣吧？不，就某些工作型態來看，說不定比打工還不如。

前者每年只有幾名，其他幾乎都會成為後者。

即使是年收入兩百萬，與便利商店打工沒什麼兩樣的嚴苛條件，依然幾乎所有的員工都會選擇在六十歲接受回聘。他們異口同聲地說「為了避免在退休後陷入生活困難的狀況，即使年收入只有兩百萬也想繼續工作」。

就算是地方都市，年收入兩百萬的生活水準也絕對不高。如果罹患重病，或許還得陷入動用珍貴退休金的生活。

儘管金額因人而異，但退休金的行情差不多為兩千萬。六十歲退休到可以請領年金的六十五歲有「五年的空白」，考慮到這段期間的生活費與教育費，除非有兩份收入，否則為了在老後保有最低限度的生活，回聘等也至少得確保三百萬的年收（五年一千五百萬），再加上退休金約為三千五百萬，如果不存到這樣的程度，生活就會變得吃緊。

至於貸款買屋的人，如果不在退休前還完貸款，經濟將會變得更加困難。雖然我猜不出同事在退休前存下多少資產，但光就我從他們口中聽到的，包含退休金在內存下三千五百萬的人應該是少數。

話雖如此，我自己如果沒有投資股票，只靠薪水養育孩子（即使妻子也有工作），到了六十歲屆齡退休時，也沒有資產能超過三千五百萬的自信。

我從當單親爸爸到現在，一直過著準時下班的生活。但我並沒有在工作上偷懶。我認為自己一直以來都從下班時間反推工作安排，讓工作變得有效率。換句話說，我將「一人勞動方式改革」創造出來的時間，努力用在投資的學習與實踐，建立起資產。

每天加班到深夜，取得一定的成果，以被公司稱讚「做得不錯」為動力持續工作，總有一天將面臨屆齡退休。每年與希望退休後回聘的人面談時，都讓我回過頭來思考「這個人的上班族人生真的有回報嗎？」

即使延長聘雇期間再工作五年，總共能得到的收入也只有約一千萬，這真的可以說符合從剩餘的人生中消耗五年所應得的代價嗎？

我深切覺得，即使為了在退休後不要吃苦，包含股票投資在內思考人生設計的勞動方式改革，對於日本企業的上班族而言也不可或缺。

就算不規畫早期退休，打算持續工作到退休年齡，也必須趁著三十到四十多歲時展開放眼將來的投資。

最好不要跟旁人聊投資的話題

我透過投資股票建立資產後的其中一項興趣是手錶，卻被現在的妻子吐槽「你都說差不多該辭掉工作了，還買這麼貴又沒人注意的手錶是要幹嘛？」我聽

了覺得頗有道理，後來就不再買了。

但是注意的人還是會注意。我和公司的同事聚餐時，即將退休的前上司問我「你的手錶為什麼一直換來換去？」

這位前上司這麼多年來都非常照顧我，瞞著快要退休的人也讓我過意不去，於是我坦承了以下幾件事。

- **我準備提早退休**
- **金融資產幾乎都是靠投資股票累積而來**
- **我建立了好幾億的金融資產**

——這些都是我第一次對公司的人提起。

我坦承了這些事之後，現場的氣氛有一瞬間凝結。我雖然心裡暗想「不妙！」但也為時已晚。

前上司為了打破凝結的空氣，低聲說了一句「原來你都在搞這些……」。我感覺到他的話裡隱藏著「你這個把工作丟在一邊，暗地裡沉迷股票，還大撈一票的卑鄙傢伙」的暗示。

我拚命地想要解開誤會，說明自己離婚變成單親爸爸，總財產只有九十萬，從九十萬拚命存了一筆錢成為我的本金……但前上司的表情顯然無法釋懷。

這時我腦中反覆浮現一句話「賺錢有什麼錯？」這句話是村上世彰的名言，他被稱為「股東行動主義者」，創辦了在經濟界掀起旋風的村上基金。

前上司已經升上執行董事等級的職位，退休後也準備到其他公司任職。

我也了解他在聽到前部下建立了好幾億的資產，考慮早期退休時，會脫口說出「原來你都在搞這些……」的心情。我反省自己的發言太欠考慮，也發現關於金錢的話題，比想像中還要敏感。

我在心裡發誓，不管面對再交心的夥伴，都不會再提起自己做股票賺了錢的話題。

我長久以來一直有個想法，我不想過著上了年紀還得持續工作的上班族人生，因為我的父親就是個負面教材。

父親是非常平凡的上班族。他每天搭乘同樣的電車，在同樣的地點工作，再搭同樣的電車回家，這樣的生活持續三十年以上，在六十歲時屆齡退休。接著在三年後出乎意料地病倒，六十五歲就去世了。

他為家庭持續工作了三十年以上，只有在退休後的短短三年，過著健康、自由的生活。即使如此，我想父親還是曾經擁有他的幸福。

誰都逃不了一死。為了避免到時後悔，我認為必須經濟獨立、去健身房維持健康，充分享受人生。

STEP 6

創下兩億資產後的人生計畫

餘下人生的金流計算表

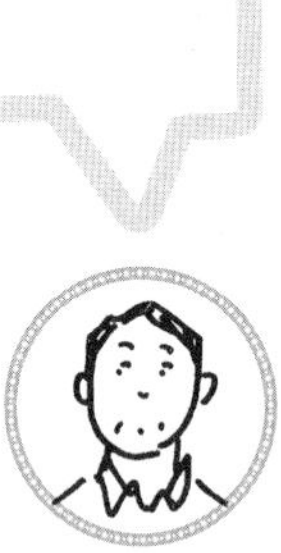

我將資產與剩餘的人生擺在天秤上衡量，發現自己隨時都能辭去工作，現在正處在等待時機的階段。

我很滿意現在的工作環境，無論上司、部下，還是同事都很優秀。即使如此，我依然決定如果面臨以下兩種情況的任何一種，就要提早退休。

- **沒有通過主管續任考核，被公司宣告解除管理職**
- **被從總公司調到工廠之類的**

超過五十二歲的主管，每年都必須接受與社長面談的主管續任考核，如果沒有通過，就會被宣告解除管理職。我覺得自己面對上司時口無遮攔，卻不知為什麼能夠通過考核，錯失提早退休的機會。至於被宣告調到工廠之類的，現在我也敬謝不敏。

回想起來，我剛成為單親爸爸，總財產只有九十萬時，總是戰戰兢兢地準時下班，心想「如果被公司開除就糟了！」

現在卻反而心懷期待「早點炒我魷魚，我反而還比較輕鬆」。多虧了投資股票建立的資產，我才能達到即使被宣告開除或人事異動都無所畏懼的境界，因為我不需要再害怕流落街頭。

就某種意義來說，我現在能夠心無罣礙地投入眼前的工作。

即使早期退休，我也一點都不打算過著必須降低目前生活水準的節約生活。接下來的人生，我打算盡全力嘗試想做的事情，不再忍耐。

而且我還有三個孩子，包括小學一年級的兒子在內。我極度不希望孩子們在經濟上吃苦。

我為了避免在辭掉工作後心慌，根據這樣的前提，使用 Excel 製作了金流計算表，計算目前的資產是否足以退休。

為了支撐退休後的家庭開銷，我也打算將投資股票的型態，從以獲取股價上漲的利益為目標，轉換成以獲取配息為目標。

〈條件〉

①根據計算時點的金融資產（包含股票、保險、退休金等）試算，我的資產合計約二．八億（股票已經先扣除稅額）。

②預估能夠毫不勉強地執行「想在死前實現的願望清單」（見159頁）所需的預算。

③生活費到六十八歲為止逐漸增加，而後開始減少。

④計入孩子大考、結婚等人生大事所需的費用（推測在孩子大考時「想在死前實現的願望清單」將減少，因此預算也會調低）。

⑤貸款五千萬買來終老的房子。

⑥股票計畫以年利率二%投資到六十八歲，而後就從投資退出。

⑦規畫留下太陽能發電（見157頁）的售電收入所需的固定資產稅，以及折舊資產稅。

〈結論〉

雖然大家都說現在是人生百歲的時代，但試算後發現，家庭開支到了九十五歲就會破產。但反過來說，這些錢足以用到九十四歲。

因為狹心症而到鬼門關走過一遭的自己，原本就不覺得能活到平均壽命，即使真的活了這麼久，我也樂觀的認為自己能勉強保持最低限度的生活。

我從金流面可以判斷自己隨時都能退休，剩下的就只有等待滿足提早退休的條件了。

提早退休所需的「三要素」

我認為提早退休需要滿足「三要素」。分別是「金錢」「健康」「關係」。

我有自信滿足其中的「金錢」與「健康」。問題在於最後的「關係」。雖然也有人稱之為「羈絆」，但我就用比較好懂的「人際關係」來解釋吧！

在公司上班，理所當然會與上司、部下、同事產生人際關係，也會與工作中認識的客戶建立人際關係。

現在的年輕世代另當別論，但我們這個世代的上班族，在現役時代不都滿腦子只有工作嗎？

離開公司之後，人際關係就突然消失。尤其是遠離出生長大的故鄉，去到既沒地緣也沒血緣的土地工作的話，退休後的人際關係恐怕將大幅減少。

男性與天生溝通能力良好的女性不同，不擅長在公司或工作以外的地方（社區）建立人際關係。這點恐怕會降低退休後的生活滿意度。

根據二〇一四年內閣府《關於獨居高齡者的意識調查》，回答對生活滿意的女性高達八十三％，但男性只有約七十％。再進一步根據「現在的樂趣」以複選的方式詢問，回答「與朋友聚在一起聊天」的女性約達六十％，男性則只有約四十二％。

還有研究顯示，人際關係較少的人，壽命較短。

美國楊百翰大學的研究者，分析以總數三十萬人為對象的多項研究，發現人際關係的有無，對於壽命長短帶來最大的影響。

人際關係少的人，比抽菸、喝酒、運動不足、肥胖等更容易縮短壽命。

但人際關係的有無，為什麼與壽命有關呢？如果把科學根據擺在一邊，我個人的想像如下——

如果擁有人際關係，身邊存在著能夠輕鬆交談的對象，就能吐露日常生活中的小小抱怨與煩惱。這麼做能夠幫助消除壓力。這就和上班族在下班後聚餐時，彼此說著上司與同事的壞話，藉此排解壓力的構圖完全一致吧？

壓力是百病的根源，人際關係少，各種無法發散的壓力就會累積，這或許也是導致壽命縮短的原因之一。

到了考慮提早退休的年紀，失智症也將成為切身的問題。也有人預測，到了二〇二五年，六十五歲以上的高齡者，每五人將有一人罹患失智症。

人際關係少，罹患失智症的風險恐怕也會增加。

國立長壽醫療研究中心的研究發現，在社會上的人際關係（有配偶、與同住家人的互相幫助、與朋友的交流、參加地方團體活動與就業）越多樣，失智症的風險就越低，最高甚至可減少到近一半（約四十六％）。

反過來說，人際關係少將可能成為罹患失智症的風險。

提早退休後，人際關係的候補是「健身夥伴」。我有幾個幾乎每天都會在健身房見面的同年齡層朋友。為了保持健康，即使提早退休，我也打算繼續去健身房，所以在健身房建立的人際關係不會斷，今後也會繼續珍惜這些健身夥伴。

我在疫情正式爆發之前，曾在與前部下一起去喝酒時，告訴他如果我沒有通過主管續任考核，或是被調到工廠，就打算辭去工作。

前部下並沒有特別驚訝，他說「我隱隱約約感覺到您似乎有些錢，所以有這樣的預感」。而且還笑著說「如果辭掉工作，隨時都能喝酒，不是很棒嗎！」

如果有更多人這麼對我說，我想自己提早退休的生活就會很充實，也能長保健康壽命。

確保不依靠公司的收入來源

為了在提早退休後擁有穩固的生活，在薪資所得中斷後，不可缺少穩定的「被動收入」。畢竟看著存款坐吃山空令人擔心，投資股票的資本收益（上漲的

利潤）也稱不上穩定。

就這點來看，股息（股利收益）就能成為穩定的被動收入。

在二〇二一年三月二十四日這個時間點，現金殖利率四％以上的個股有一百七十檔以上。我建議兒子存下一千萬的股票投資本金，而只要將這一千萬放進那些個股，進行「放牛吃草型投資」，就能得到每年四十萬的股息。

假設拿這些股息繼續投資，而投資對象連續增息，存款也全部投進這些配息股，那麼根據計算，過了大約二十年左右也能成為「億萬富翁」。

有些企業，像三菱商事、三井住友金融集團或日本電信電話那樣，對外宣布採取「累進配息」制度，股息只會維持現狀或增加。一般認為這些個股的股價下跌風險較低，適合當成被動收入來源長期持有。

不過，風險當然不可能為零，這點必須牢記。

我自己的年配息目標為三百萬左右，因為配息股還是有股價下跌的風險。

股息以外的被動收入「太陽能發電」

被動收入的主軸是股息，但如果只有股息，收入可能受行情變動影響而變得不穩定。如果發生新冠疫情這樣的事件，也有暴跌的風險，最壞的情況甚至得賣掉股票填補缺口。

於是我從二〇一九年開始投資「太陽能發電」。販售太陽能電就與股價變動無關，可望取得穩定收入。長期梅雨等異常氣候的影響已經反映在投資價格上。實際上我已經有三座正在運作中的太陽能發電所。

採取綠能固定價格收購制度（FIT）的事業用太陽能板，售電價格為十八日圓／kWh。三座太陽能發電所的預估售電收入為每年六百萬左右。收購期間（維持售電價格的期間）為二十年，因此至少在接下來的二十年能夠確保幾乎同等程度的收益。

三座太陽能廠的土地與設備的總花費約六千萬。這些花費幾乎都靠銀行的貸款支付。

能讓銀行接受這麼大筆的融資，也是上班族的優勢。退休之後，應該就無法獲得高達六千萬的融資了吧？

銀行提出的融資條件是「開設定存帳戶，並轉帳五千萬」。我以太陽能發電的土地作為擔保抵押，但這塊土地原本是農地，幾乎不具備評估價值，事實上等同於無擔保貸款六千萬。

附帶一提，為了獲得銀行融資，必須發表縝密的事業計畫，提出「屬性（來自公司的收入與財產狀況等）」「損益計算計畫書」「金流計畫書」等文件。

不用說我原本就在投資股票了，在公司也負責過會計系統，因此具備會計知識。至於製作資料、發表簡報等更是家常便飯，這些經驗都成為與銀行交涉的優勢。這也是上班族投資人的優點吧？

我開始投資太陽能發電，除了確保被動收入之外，還有兩個理由。

第一個理由是，經歷過福島核災之後，讓我更想對以核電為主的國家能源政策做出小小的抗議。另一個理由則是為了在退休後，享受與妻子兩人帶著便當，開車去發電所鋤草的小小樂趣。

我透過太陽能發電，也學到了銀行融資、土地、不動產等知識，這些都是過去未知的世界。同時還有另一項收穫，那就是能夠建立新的人際關係。

想在死前實現的願望清單

二〇〇七年的美國電影《一路玩到掛》，描述的是兩名被宣告只剩六個月壽命的男性，為了在死前實現想做的事情而出發去旅行的故事，這兩名男性由知名演員傑克．尼克遜與摩根．費里曼飾演。

雖然翻譯後的片名也很棒，但原本的片名「The Bucket List」更直接，翻譯過來就是「遺願清單」。

網路上也有很多人將他們想在剩餘人生實現的目標寫成「遺願清單」公開。

我也試著模仿他們，製作自己的「想在死前實現的願望清單」。

我製作清單的契機是在二〇一四年到鬼門關走一遭，接受了心臟手術。好不容易康復之後，就將未來如果也有幸活著，想要實現的事情列出來，並且根據心情與狀況的變化不時更新。

不管擁有多少資產，都不可能帶進墳墓。我也不打算把資產原封不動留給孩子。雖然應該會幫他們出個結婚資金，但我希望孩子建立自己的資產，自己培養出能在未來生存下去的技巧。

最新的清單如下（已經實現的就畫〇做記號）：

1 想去的地方

去阿聯酋的杜拜，登上世界最高的大樓「哈里發塔」〇／去最接近天堂的島嶼新喀里多尼亞，前往被譽為南太平洋寶石的松樹島○／在希臘的米科諾斯島度過悠閒時光／與孩子們一起橫越美洲大陸／前往北歐／登上埃及金字塔／環遊澳洲一圈／環遊歐洲一圈／在瑞士度過悠閒時光／登上富士山的山頂／看馬特洪峰／從下方仰望聖母峰／住過日本所有的縣／在夏威夷住一個月／在馬來西亞住一個月／在泰國住一個月／去看看南美／去看看紐西蘭／去派駐美國執行專案時很照顧我的 Thank you 居酒屋

2 想住的飯店

全球的四季飯店（已經住過杜拜朱美拉海灘四季度假飯店、波拉波拉四季度假飯店、蘇梅島四季度假飯店、蘭卡威四季度假飯店、馬爾地夫四季蘭達度假飯店等五家）／全球的安縵度假村（已經住過安縵普吉、安縵普羅、安縵努沙、安縵奇拉等四家）／國內外的麗思卡爾頓（已經住過麗思卡爾頓大阪、麗思卡爾頓東京、麗思卡爾頓京都、前麗思卡爾頓峇里⇓現在的愛雅娜度假村等四家）／全

國各地的星野度假村／加拿大的班夫溫泉飯店／大溪地的波拉波拉瑞吉度假飯店／峇里島的寶格麗度假村／新加坡的濱海灣金沙酒店

3想看的事物

鈴木一朗／現場看奧運／現場看橄欖球或足球的世界盃〇／日全蝕／極光／壯觀的銀河／大流星群／大彗星／水星／土星環／老人星（船底座α星）／超大的鯨魚／ABBA演唱會／彩虹樂團演唱會／皇后樂團演唱會〇／冥河合唱團演唱會／波士頓樂團演唱會／鐵娘子樂團演唱會／深紫樂團演場會〇／接吻合唱團演唱會〇／U2演唱會〇／史汀的演唱會〇／在芝加哥看七重天樂團（派駐美國時迷上的芝加哥當地樂團）的演唱會／在紐約的麥迪遜廣場花園看比利喬的演唱會，熱唱〈鋼琴手〉／現場看TNT東尼．哈內爾的名作〈Intuition〉

4 想要的事物

總之差不多該買車了〇／買百達翡麗錶

5 關於家庭

買房子〇／讓孩子留學／看到孫子／等最小的兒子（現在七歲）成年後，和他一起喝啤酒

6 關於事業

成立公司／建立三座太陽能發電所〇／建立足以活到去世的資產

7 關於健康

維持理想體型、體脂率十七％以下○／腹部練出六塊肌

8 其他

學樂器／在能力範圍內繼續寫部落格

公開手上持有的全數股票

最後，我想要介紹自己在二〇二〇年底時持有的主要個股（特別聲明！我並非推薦這些股票，投資判斷請自行負責）。

GL Sciences（東證二部・7705）

分析儀器綜合廠商，製造、販賣測量儀器「氣相、液相層析儀」的相關裝置、色譜儀、填充劑、消耗品等。各位聽了這樣的說明或許仍一頭霧水，但我從大學時就使用過「氣相層析儀」，這是執行氣體分析手法「氣相層析」的裝置，因此對我來說這家公司並不陌生，是「熟悉的公司」。而且這是環境關聯股，我對於其事業內容也懷有好感。

在財務方面，這家公司的自有資本率為六十一％，屬於「應該不會倒的公司」，PBR一倍以下，PER十倍左右，因此也是「相對便宜的公司」。

這也是市值三百億以下的「小公司」，是符合【DokGen流】放牛吃草型投資的個股選擇標準。

這是我買進第四年的「放牛吃草型投資」個股，而且我在股價受疫情衝擊而下跌之後再度加碼。這支個股的持有比重在目前的投資組合中是最高的。

島津製作所（東證一部・7701）是這家公司的大股東，再加上他們也製作新冠病毒的PCR檢查裝置，因此期待這家公司能從東證二部移轉至東證一部。

（兩者的差別在於上市門檻（審查基準），一部相對二部針對股東人數、流通股數、設立年數、淨值、利益等，規範較為嚴格。通常上市公司會從二部開始申請，符合規範後才再申請一部上市。）

名古屋電機工業（名證二部・6797）

道路標示等電子告示板與號誌的廠商。我的故鄉在愛知縣，而這家公司的總公司就位在愛知縣「海部市」，因此是我「熟悉的公司」。

這家公司保有的現金比市值多，屬於「應該不會倒的公司」，PBR〇・五倍、PER三倍，也是少見的「相對便宜的公司」。

二〇二〇年底時的市值約八十三億左右，也是不折不扣的「小公司」。

自從二〇一七年換社長後，二〇一八年併購GPS太陽能式號誌機與LED標示機製造商「CONLUX松本」，提升技術力的綜效，同時也不斷地改善獲利率。

擅長鐵路、道路號誌的三大號誌公司龍頭「日本號誌」（東證一部・6741）是其大股東。雖然不滿足顯示從淨利（稅後盈餘）中支付多少股息的

「配息率」，但也可能大幅增息。

當包含號誌在內的交通系統數位化，在某個時間點成為國策的重要主題時，即可期待這家公司大幅成長。

近鐵Express（東證一部・9375）

這是一家「貨運承攬公司」（國際航空貨物混載事業），也是近鐵控股集團（東證一部・9041）的子公司。我因為公司的工作而調查物流相關資訊系統時，對貨運承攬業產生興趣，於是成為「熟悉的公司」。

因為有併購新加坡的物流子公司「美集物流」（APLL）所伴隨的費用（商譽費），使得財務狀況不是那麼好，但我想仍是一間「應該不會倒的公司」。

在物流相關類股中也比較不受關注，屬於「相對便宜的公司」，市值一千億，也是相對較小的「小公司」。

我在二〇二〇年三月疫情爆發後買進，最大的理由是即使搭飛機旅遊或出差的機會因為疫情而減少，但仍覺得國際航空貨物的物流在社會上有存在的價值。

DokGen的金融資產變化

單位：萬日圓

金融資產	2018/07	2020/09	2020/10	2020/11	2020/12	2021/01	2021/02
證券戶頭	18,805	14,589	13,983	14,200	14,919	15,045	15,788
定期定額證券戶頭	1,010	1,085	1,088	1,091	1,094	1,097	1,100
銀行存款、保險	2,040	9,680	9,626	9,063	9,016	9,058	9,151
金融資產合計	**21,855**	**25,354**	**24,697**	**24,354**	**25,029**	**25,200**	**26,039**
前月差	—	—	−657	−343	675	171	839
前月比	—	—	97.4%	98.6%	101.3%	100.7%	103.3%
年初差	—	—	3,441	3,098	3,773	171	1,010
年初比	—	—	116.2%	114.6%	117.8%	100.7%	103.3%
經營部落格後的增減率	—	—	113.0%	111.4%	114.5%	115.3%	119.1%

其他持有的股票

此外我還持有股息可期的「配息股」，包括「日本電信電話（NTT）」（東證一部・9432）、「三菱商事」（東證一部・8058），以及不動產投資信託（REIT）「伊藤忠Advance Logistics 投資法人」（東證・3493）。

這些配息股以買價為基準，股息有四％以上，因此持有時能夠不在意股價。

此外，我也利用股息與資本利得免課稅的「NISA」（小額投資免稅制度）額度，持有美國的「微軟」（納斯達克・MSFT）。

〈結語〉讓錢為你工作

我在串烤店與兒子喝著啤酒，說出以下這些話。

「靠著公司的薪水就能度過美好人生的時代，在阿嬤的年代就已經結束了。」

「為了獲得薪水以外的收入，你要存下一千萬的本金。」

「公司一丁點也不打算保護員工的生活。」

「你要想想即使自己不工作，也能獲得金錢的手段。」

很久以前就有人指出，國家財政瀕臨破產，年金制度因為少子高齡化而逐漸變得搖搖欲墜。

如果無論再怎麼警鈴大作都事不關己，不採取任何行動，導致老後生活暴露在危機當中，只能說是自作自受。

現在這個時代，上班族除了薪水之外，透過股票投資等方式賺錢，已經變得理所當然。問題只在於屆齡退休或提早退休之前，能夠存下多少資產。所以我給了步入社會的兒子八十萬，作為投資股票的學費，就像我母親為我做的那樣。

當時我給他以下三個條件。

「自己尋找投資對象。」

「不要問爸爸該買哪一支。」

「不玩高風險的FX（外匯保證金交易）和虛擬貨幣（密碼資產）」

二十多歲的兒子還有充裕的時間。

時間多就代表選項也多，可以採取努力投資個股的方式，也可以買進與日經平均指數、TOPIX（東證股價指數）、S&P 500等指數連動的ETF（指數股票型基金），活用複利進行超長期投資。

但兒子不知道在想什麼，也和我一樣開始投資個股。接著在前幾天，兒子傳LINE說：「我買了AOKI（青木）。」

喜歡音樂的我茫然地問他：「什麼？你是說史蒂夫．青木的CD嗎？」（史蒂夫．青木是音樂製作人兼DJ，也是在美國成功經營鐵板燒連鎖店的青木廣彰的兒子），兒子回答我：「不是啦，我說的是經營西裝店的AOKI」。我看到他回傳的訊息，一時說不出話來。

AOKI西裝店就是AOKI控股（東證一部．8214），除了西裝之外，也經營漫畫網咖與KTV。

西裝量販店業界原本就是夕陽產業。在遠距工作成為新常態後更是雪上加霜，遭受嚴重打擊。至於無論如何都難以避免密集、密閉、密切接觸的漫畫網咖與KTV，我也不覺得會有光明的未來。

我心平氣和地問他：「你為什麼會在這時候買AOKI？」兒子回答：「我覺得股價到底了，配息也不錯。」

我急忙回他：「你讀過有價證券報告書嗎？配息的基準終究是去年的實績，今年不一定也能有同樣的水準。」這回換兒子說不出話來，他似乎沒讀過有價證券報告書。

誰也不知道ＡＯＫＩ的股價接下來將如何發展。

ＡＯＫＩ正朝著多角化的方向經營，將漫畫網咖改裝成遠距工作的辦公室、發展健身事業等，在財務方面，也接受銀行融資，努力應付現金風險。

股價確實可能如兒子的判斷般反轉。實際上ＡＯＫＩ的股價已在二〇二〇年十一月三十日從近期的底部反轉了，截至二〇二一年三月十九日，ＡＯＫＩ的股價都呈現上漲趨勢。

關於股票投資，兒子應該處在「不知道自己哪裡不懂」的狀態吧？這個狀態就像剛進公司第一年，在什麼都搞不清楚的情況下開始投資股票的我。

我建議兒子「盡可能在網路上多收集關於ＡＯＫＩ的資訊」「閱讀有價證券報告書，把不懂的詞寫出來」「將寫出來的詞一個一個仔細調查」。

即使因為ＡＯＫＩ的股價暴跌而虧大錢，我想兒子也能從中學到很多。就連一副好像很了不起的我自己，年輕時也不斷地經歷失敗。

上班族所處的狀況一年比一年嚴峻，儘管如此，如果以成為個人投資者為目標，身為每個月能夠領到固定薪水的上班族仍是一大優勢。

我由衷希望兒子能夠充分活用這項優勢，獲得不必只依賴公司薪水的經濟自由，走上幸福的人生。

兒子在五歲時，就因為父母的自私，被迫離開還想撒嬌的母親，成為單親孩子而吃了不少苦，這是身為父親的我對兒子的深切盼望。

我這個不成材的父親告訴兒子的建議，如果能多少對上班族投資人帶來幫助，那就是意外之喜。

二〇二一年三月

獨言（DokGen）

＊本書作者版稅所得，將全額捐給因震災等事故而失去父母的孩子，以及支援單親家庭的團體。

Eurasian Publishing Group
圓神出版事業機構
用心與你對話 · 視野無限寬廣
如何出版社
Solutions Publishing

www.booklife.com.tw　　reader@mail.eurasian.com.tw

Happy Fortune 019

想要脫窮，先買張股票吧！

——三度谷底翻身的上班族，給厭世代兒子的低薪致富投資法

作　　者／獨言（DokGen）
譯　　者／林詠純
發 行 人／簡志忠
出 版 者／如何出版社有限公司
地　　址／臺北市南京東路四段50號6樓之1
電　　話／（02）2579-6600 · 2579-8800 · 2570-3939
傳　　真／（02）2579-0338 · 2577-3220 · 2570-3636
總 編 輯／陳秋月
副總編輯／賴良珠
責任編輯／張雅慧
校　　對／張雅慧 · 柳怡如
美術編輯／李家宜
行銷企畫／陳禹伶 · 黃惟儂
印務統籌／劉鳳剛 · 高榮祥
監　　印／高榮祥
排　　版／莊寶鈴
經 銷 商／叩應股份有限公司
郵撥帳號／ 18707239
法律顧問／圓神出版事業機構法律顧問　蕭雄淋律師
印　　刷／祥峰印刷廠
2022年1月　初版

DONZOKO SALARYMAN GA KABUSHIKITOSHI DE 2 OKU-EN
IMA MUSUKO NI OSHIETAI OKANE TO TOSHI NO HANASHI
by DokGen

定價 290 元　　ISBN 978-986-136-610-4　

從享樂主義的月光族變成積極理財的契機!!!
還在羨慕旁人年紀輕輕就退休，享受自在生活嗎？
財富自由沒有那麼難，只要逐步進行慢慢累積出你的系統與資本，
打造你的富腦袋，就能踏實、穩定地走出你的理想人生！

——《打造富腦袋！從零累積被動收入》

國家圖書館出版品預行編目資料

想要脫窮，先買張股票吧！——三度谷底翻身的上班族，給厭世代兒子的低薪致富投資法／獨言（DokGen）作；林詠純譯. -- 初版. -- 臺北市：如何出版社有限公司，2022.01

176面；14.8×20.8公分 --（Happy Fortune ; 19）

譯自：どん底サラリーマンが株式投資で２億円、いま息子に教えたいお金と投資の話

ISBN 978-986-136-610-4（平裝）

1.理財 2.股票投資 3.投資技術

563　　110019324